読み手を100%納得させる

論理的な小論文を書く方法

小野田 博一
Onoda Hirokazu

日本実業出版社

しているからです。その人たちの間違いの原因は、「こういう感じのものを書こう」と目指す理想像そのものが間違っている点にあります。その人たちが目指すよくあるタイプの「論文」は、小論文の書き方の本に載っている模範文や新聞・雑誌の論説文や評論文で、それらには論理のギャップや余分なものも多いうえ、他にもいろいろな欠陥が含まれているからです。それらの多種多様な欠陥をすべて満たす文章を書くのは（苦笑）、実際、困難なことです。

そして、それらを理想像としているので当然ですが、たいていの人はそれらが欠陥文であるとは考えていません。なぜなら、多くの人は論理のギャップをなくすことが大切であることを知っていて、かつそれに同意してもいますが、論理のギャップとは実際は何を指すのか知らず、さらにまた、余分なものを書かないことの大切さを知ってはいるものの、どんなことを書くことが「余分なものを書くこと」なのかを知らないからです。

こういった「抽象的な理解しかなく、実際に書くうえでの理解がない人」が論文を簡単に書けるようになるためには、実践的な基本をいろいろ知らねばなりません。

それを伝えるのが本書です。

改題発行にあたって

本書は『論理的な作文・小論文を書く方法』というタイトルで2001年に出版されました。小論文や作文を通して「論文の書き方を解説する本」です。それゆえ、タイトルは『論理的な論文を書く方法』でも適切なのですが、「論文＝学術論文」と考えている人が多いので、そのタイトルでは誤解を与える可能性がありますし、タイトル中に「作文」があると「日本的なまがい小説的な文章の書き方」をも扱っている混乱した内容の本に見えてしまう可能性もあって、今回はタイトルを『論理的な小論文を書く方法』と改めています。

２０１８年７月

小野田　博一

読み手を100%納得させる　論理的な小論文を書く方法　目次

第2章　論文では「議論」を書く

第３章 「核」を支え、論理性を示す

第４章

説得力を高める

第5章 あなた自身をアピールする

第6章　論文を正しい構成で書く

カバーデザイン／戸塚みゆき（ＩＳＳＨＩＫＩ）
本文デザイン・組版／ＩＳＳＨＩＫＩ
イラスト／吉田 一裕

●用語の説明

まず、本書で使う用語の説明をしておきます。ただし、あらかじめ説明が必要なものにかぎります。

・文と文章

「文」は、「センテンス」と同義で使っています（名文・悪文という場合や、論文・読書感想文のような「＊＊文」の形のものは例外）。「文章」は、「複数の文が集まったもの」の意味です。

・論文

「論文」は、「何かを論ずる文章」の意味で使っています。たとえば、大学入試の「小論文」や、入社試験の「課題作文」（タイトルがあらかじめ決められている論文）や、「〜を論ぜよ」の問いに対する解答として書く文章は、この意味の論文です。なお、「論文」についてのもう少し詳しい説明は、第1章中に書きます。

・パラグラフ

「形式段落」と同じ意味です。つまり、改行から改行までにはさまれた部分にある文章です。日本語の「段落」には「形式段落」と「意味段落」があるため、「段落」の語は紛らわしいので使わず、「パラグラフ」を使います。

第1章
論文は芸術作品ではない

「要するに何を言いたいのか」が読み手に正確に伝わらなければ、論文・小論文・作文・感想文を書く意味がありません。

論文・作文は芸術作品ではない

論文は芸術作品ではありません——と書き始めると、いきなり奇抜な書き出しをしているように思われるかもしれませんが、実は違います。これは非常に重要なことです。なぜ重要なのかは後で述べることとして、話を先に進めましょう——。

作文も芸術作品ではありません。

「作文が、論文の書き方の本とどんな関係があるんだ?」とあなたは思ったでしょうね。また、「作文は、論文よりも芸術作品に近いんじゃない?」とも思ったかもしれませんね。

「論文も作文も芸術作品ではない」と理解するのは重要なことです。なぜなら、それがあなたの論文の書き方の基本姿勢を変えるからです。

本章ではこれらのことをまず説明し、それゆえ「論文はどう書かねばならないか」を述べますが、その前に本書で言う『論文』とは何かを述べておきます。

本書における「論文」の意味

本書で言う「論文」とは、文字どおり「何かを論じた文章」のことです。したがって、次の出題に対して書く文章は論文です。

「映画は世界中で人気があります。なぜそれほど人気があるのかを説明しなさい」――Ａ１

また、

「小説を読むのは映画を見るのよりも楽しい――あなたはこれに賛成ですか、反対ですか？」――Ａ２

『私が友人に期待するもの』のようなトピック（テーマ）が与えられて、それについての文章を書くもの――Ｂ

も論文です。

以上、すべて「論文」ですが、日本ではＡ１、Ａ２は小論文、Ｂは課題作文と呼ばれます。ちなみに、英語ではＡ１、Ａ２、Ｂらはすべて essay（エッセイ）と呼ばれます。したがって、本書の「論文」は英語の essay と同じ意味で使っていると考えてもよいでしょう。

さて、話を論文や作文と芸術作品の違いにもどします。

論文・作文と芸術作品との違い

まず、芸術作品について述べましょう。

芸術作品では——、「作者が伝えたいこと」が読み手に伝わらなくてもかまいません（「伝わらなければ価値がなくなる」というわけではありません）。詩はその極端な例です——詩は読む人それぞれが解釈して味わうもので、作者の意図は読み手に伝わる必要はありません（し、それが伝わらなくとも価値はなくなりません）。

一方、作文では——、伝えたいことが伝わらなかったなら意味がありません。伝えたいことが読み手に正確に、かつ容易に伝わるように、書き手は可能なかぎりの工夫・配慮をせねばなりません。

そして、これは論文でも同様です。

論文でも作文でも、伝えたいことが伝わらなかったなら失敗作です。その意味で論文も作文も同じなのです。そしてさらに、レポートも同様です。なぜそうであるのかと言うと、それらが「伝えたいことを伝えるための文章」だからです。

「伝えたいことを伝えるための文章」では、伝えたいことが伝わらなかったなら失敗作——

これは当然ですね。まったくトートロジー（同語反復）のようでバカげた文にも見えますが、これは重要です。繰り返しになりますが、それは、論文や作文を書く際、
「伝えたいことが読み手に正確に、かつ容易に伝わるよう、書き手は可能なかぎりの工夫・配慮をせねばならない」
ということを示すからです。

以上で、まず第一歩が終わりました。たったこれだけのことですが、あなたは大きな進歩をとげたはずです。なぜなら、日本には「何を伝えたいのかよくわからない論説文」が多いのですが、ここまでの部分を読んだあなたは、そういう文章をもはや書くことはないでしょうから。あなたは、その類いの文章の書き手をすでに超えたのです。

以下、本章では論文の書き方の要点を、かけ足で見てゆきます。それらの要点のほとんどは、「論文とは何か」の認識に関わるがゆえ、要点中の根幹部分です。あなたの土台を固めるために重要な部分ですので、読み飛ばさずに、ていねいにページの順に読んでいってください。

論文は、どの程度わかりやすく書けばいい？

数秒ながめただけで全貌が見えるように書く

数秒ながめて全貌が見えるような文章を書きましょう。それほどよく見える構成でなければなりません。

「この文章では要するに何を言いたいのか」に関しては、2、3秒ながめただけでわかるようにしましょう。「要するに何を言いたいのか」は、それほど「容易に、かつ、はっきり」わかるように書かねばなりません。

ポイント

- **2000字程度の文章で、数秒ながめて全貌が見えない文章は悪文、と考えよ**
- **2、3秒ながめて「この文章では要するに何を言いたいのか」がわからない文章は駄作と考えよ**

数秒ながめて全貌が見えない文章――よくありますね。そういう文章（のフォーム）のマネをしてはいけません。

「さあ、論文を書くぞ」と意気込むと、精神が通常時とはまったく異なってしまって「数秒ながめて全貌が見えない文章」を書く人――よくいますね。そういうタイプの人は、実は思考が浅いのです。「理解しやすい文章を書くと自分の思考の浅さがバレてしまう」ということを無意識のうちに知っていて、そのため、そういう人は全貌が見えにくい（あるいは、見えない）文章を書いて、自分の思考の浅さを隠そうとしているのです。「意気込む」のは、実は「うまく隠そう」とするための意気込みであり、緊張なのです。

「要するに何を言いたいのか」をはっきり書く

論文は「伝えたいことを伝えるための文章」ですから、当然ながら、そこに「伝えたいこと」がなければなりません。それは「要するに何を言いたいのか」の部分です。

――「要するに何を言いたいのか」の部分がない文章――よくありますね。とくに新聞の論説文やコラムでその種の文章はよく見かけられます。知識は豊富にありながら主張したいことがない人（や、反論されるのが嫌で主張を避けようとする人）が、「要するに何を言いたいのか」の部分のない文章を書きます。

ちなみに、反論されるのが嫌で主張を避けようとする人が日本にはたくさんいますが、それは仕方のないこと、と私には思えます。なぜなら、日本人には「議論」に対する認識が間違っている人が多いですし、その結果、間違った反論をする人が多いからです――相手の人格や判断力を否定するような発言をして、それで「反論をした」と思い込んでいる人が日本にはたくさんいます。誰だって、そういうタイプの発言を受けたくはないものです。多くの日本人が主張を避けるようになるのは、だから仕方のないことなのです。……とはいえ、このままではいけませんね。論文では「議論」を書かねばなりませんから、そのために「議論」を正しく認識せねばならないのです。「議論」については第2章で書くことにしましょう。

さて、話を「要するに何を言いたいのか」にもどしまして——。

「容易な理解」のために、それは明言されていなければなりません。明言されていないと、理解は困難になりますし、読み手に伝わらない場合も出てきます。伝えたいことを暗示にとどめてはなりません。また、「文章全体で表現」でもだめです。容易に正確に伝えるために、「伝えたいこと」は1つのセンテンスで書かねばなりません。

この「要するに何を言いたいのか」の部分は、文章で一番大切な部分です——それを書くためにあなたは文章を書くのですから。本書では、この文章の最重要部分を「核」と呼ぶことにします。

伝えたいことが読み手に伝わるように書く方法

「伝えたいこと」は、読み手に伝わらなければなりませんし、誤解される余地を残してはなりません。したがって、次の点が大切です。

- 明言する
- 正確に表現する
- 容易に理解できるように書く
（読解力のない人でも瞬時に理解できるように）
- 慎重に（細心の注意をはらって）書く
- ていねいに言葉を尽くして書く

——これらを行なうことがどういうことかは、後の章で例を挙げながら説明することにします。

読み手を納得させる

論文でも作文でも、読み手を納得させる部分が必要です。論文の場合、たとえば「映画のほうが小説よりも価値が高い」と書いただけでは、読み手は「は？」と思うだけですし、作文でたとえば「きょうの博物館見学は私には貴重な経験となった」と書いただけでは、読み手はやはり「は？」と思うだけです。前者の場合は、その理由が必要で、それを読むことで「たしかにそのとおり。映画のほうが価値が高いという結論になるのはもっともだ」と読み手を納得させねばなりません。後者も同様、なぜ貴重な経験と言えるのかが読み手にわかる部分が必要で、それを読むことで「なるほど。こういうことがあったのなら、貴重な経験と述べるのはもっともだ」と読み手を納得させねばなりません。

論文でも作文でも、「核」を納得させるのですが、「核」そのもので読み手を納得させるのではなく「核を支えるもの」で行なうのです。

「核」とは、したがって次のように表現することができます。

「要するに何を言いたいのか」を1つのセンテンスで表わしたもので、内容の点から言うと、

「何を納得させようとしているのか」の部分。

【問題１】
読書感想文がただ一言「おもしろかった」だけでは失敗作です。なぜでしょう？

【答え】
「なるほど。こういうことなら、おもしろかったという感想を持つのは当然だな」と読み手を納得させる部分がないからです。

☆作文と論文と感想文

作文と論文はまったく違う――日本では、一般にこう考えられています。なぜかと言うと、作文は「出来事と思ったことだけを書いて作るもの」と考えられているからで、それでは論文になりようがないからです。

でも、その認識は間違っています。

両者は、基本的な点で同じです。「伝えたいことがあり、それを伝えるための文章であり、読み手を納得させることを目指す」――これは、作文でも論文でも同じなのです。たとえば作文のテーマ（兼タイトル）が「私にとって最悪の日」

である場合、最悪の日がどんな日であるかを述べ、なぜ最悪と言えるのかを示し、読み手に「こういう理由なら、これを最悪の日と考えるのは当然だ」と納得させねばなりません。これは論文の書き方とまったく同じです。テーマが「私の夢」であってもやはり同じです。読み手に「こういう理由なら、これを夢と考えているのは当然だ」と納得させねばなりません。

先に「基本的な点で両者は同じ」と書きましたが、その理由は相違点があるからです。それは、作文の場合、書き手が幼いという点です。そのために、作文の定義は『1つのテーマについて書かれた短い文章で、文章を書く練習として児童・生徒が書いたもの』となり、論文と完全一致ではなくなるのです。

文章の量と、どのくらいの年齢の者が書くかの違いを別にすれば、作文と論文は同じものです。

感想文は、「感想を述べて終わりの文章」ではありません。感想文は論文でなければならないのです。感想文もやはり、「伝えたいことがあり、それを伝えるための文章」であり、読み手を納得させることを目指さねばならないのです。「この理由なら、こういう感想を持ったのは当然だ」と読み手を納得させねばならないのです。感想文は「～と思った」と書くだけで終わってはならないのです。

《そのため、論文の書き方の指導をせずに、小中学生に作文や感想文を書かせるのは間違いです。小中学生には「支えるもので読み手を納得させよ」（これは論文の書き方そのものです）ということを教えねばならないのです。［作文の書き方についてはさらに第４章にも書いてあります。］》

☆論文を書くことへの苦手意識

多くの人は、論文を書くことに苦手意識を持っています。それはなぜかと言うと、その苦手意識は、小学校以来「つちかわれて」きているからです。

小学校以降、私たちは作文や読書感想文をたくさん書きますが、幼少のとき――さらに中学、高校になってからもですが――それらを書くにあたって「どのように書けばいいのか」をほとんど教わりません。教わるのは「活き活きと書け」とか「自由に書きなさい」程度です。また、よいサンプルをふんだんに与えられることもありません（小説を書こうとする人が、書く前に小説をたくさん読んでいる必要があるのと同じで、作文や読書感想文を書く前にも、よいサンプルは必要です）。そのために、私たちはそれらを書こうとする際、大いに当惑するのです。そして、その当惑感が年々積み重なって、書くことに対する苦手意識へと発展してゆくのです。

さらに（よくないことに）、高学年になってからはサンプルとして「下手な論文」（ざっと目をとおしただけで「要するに何を言いたいのか」がわからない最悪の論文）を教科書や入試問題でたくさん見ることになり、「こういうひどい文章は書けない」と感じるノーマルな人は、論文に対する苦手意識をつのらせてゆくのです（「下手な論文」を下手と判断できない人たちで、かつ、「吸収力に優れた」ごくまれな人たちは、下手な書き方を難なくマスターし、「論文を書くのは簡単」とばかり、すらすらと「下手な論文」を書くようになります）。

あともう1つ。文章を書く前に「気負ってしまう」ことも、苦手意識に貢献しています。なぜ気負ってしまうかと言うと、私たちが目にしやすい論文（前出の下手な論文）が、たいていは気負って書かれているからです。

- 作文や読書感想文を書くのは難しいこと？

いいえ、そうではありません。それはとても簡単です。

- 論文を書くのは難しいこと？

いいえ、そうではありません。これも簡単です。

- なぜ、簡単？

これら（作文や論文等々）を書くためには、知っておかねばならない「どう書くべきかの基本」があり、それらを知らない人が「難しい」と思うだけのことなのです。それを知っていればよい――ただそれだけですから、簡単なのです。

「「どう書くべきかの基本」の一部は、これまでに書きました。本書をここまで読み進んだだけでも、きっと相当簡単になっていることでしょう。」

・**気負わないために、どうしたらいい？**

友人と話をしているときのことを考えてみるのが効果的（気負わないためだけでなく、説得力ある論文にするためにこれは効果的）ですが、これについては後で述べることにします。

先の『☆論文を書くことへの苦手意識』は、読みやすかったでしょう？　なぜそうなのか、理由がわかりますか？　それは、最初の２行で文章の全貌を見せているからです。

技術的なことを述べるのは、述べる順序としては早すぎるかもしれませんが、ついでなのでここで述べておきましょう（詳しくは、また後で述べます）。

ポイント　**読みやすく、理解しやすい文章を書くには肝心な点を先に言え（細かいことを言う前に）**

「伝えたいことがあり、それを伝える文章」の書き方

「伝えたいことがあり、それを伝える文章」を書く際の重要点は次の3つです。

① **伝えたいことが読み手に伝わるように書け**

これは当然ですね。

② **読み手を納得させせよ**

何を納得させるか及び、どのようにして納得させるかは、文章のタイプで異なります――これについては、後で例がいろいろ登場します。

③ **あなたの考えを示せ**

「伝えたいこと」は「あなたが伝えたいこと」であり、それはあなたの考えでなければなりません。広く認められていることだけを述べて終わりではだめです（それではあなたの考えを示したことになりません）。

ここで言う「あなたの考えを示す」とは何かについては、かなり細かい説明が必要です。簡単に言うと、議論における「主張」をせよということなのですが、それについては第2章

で書きます。いまは、1つだけ例を挙げておきましょう。

例「生徒が学んだ量に応じて教師は給料を支払われるべきか」の質問に、どう答えたらよいでしょう？

この質問に、

「生徒が学んだ量に応じて教師は給料を支払われるべきか、私にはわからない」と答えたのでは、あなたの考えを示したことになりません（あなたの考えが「ない」ことを示したことになっています）。

また、

「生徒が学んだ量に応じて教師は給料を支払われるべきであるとは、一般には考えられていない」でも、あなたの考えを示したことになりません。

「考えを示す」とはどんなことか、少しわかりましたか？

なお、論文の読み手は、「論文にはあなたの考えが書

常識や何が一般に言われているかを答えても、
“私”の考えを示したことにはならないよ

かれている」ということは当然、知って（予期して、期待して）います。したがって、前ページの例に対して肯定する意見を書く場合、「私の意見では、生徒が学んだ量に応じて教師は給料を支払われるべきである」とか、「生徒が学んだ量に応じて教師は給料を支払われるべきである、と私は思う」などのように書く必要はありません。「生徒が学んだ量に応じて教師は給料を支払われるべきである」と書くことで、あなたの考えを示したことになります。

〈指針〉
「伝えたいことがあり、それを伝える文章」を書く際は、
① 伝えたいことが読み手に伝わるように書け
② 読み手を納得させせよ（「核」を支える部分で）
③ あなたの考えを示せ

論文は「1つのもの」でなければならない

「論文は『1つのもの』でなければならない」には2つの意味があります。

1つ目は「内容が1つでなければならない」という意味です。余分なものが混ざっていてはいけないのです。論文の内容は、議論（第2章で説明します）を構成する2つ（「核」と「核を支えるもの」）のみで作られていなければならず、それ以外のものを書いてはいけないのです。

2つ目は「各文がつながっていなければならない」という意味です。文章中に論理的なギャップがあってはなりません。そのために、文と文の関係を示す接続詞は大切です。とくに、何が結論で何がそれを支えるのかを字面で示すために、接続詞を使うのは非常に大切です。文章をわかりやすく、かつ正確に伝えるための表現上の工夫が論文では必要なのです。

「日本人が論文でよくする間違いの1つは、結論で余分なものを加えることです。結論のあり方については第6章で説明します」

「日本の論説文」の欠陥

日本でよく見かけられるタイプの論説文には、次の3つの欠陥があります。

① 「核」が書かれていない（「核」が暗示にとどまる、あるいは「核」がない[注]）

② 「核を支えるもの」がない（その代わりに、テーマに関して思いついたこと・知っていることだけが羅列されている）

③ 「わかりやすさのための表現上の工夫」がない（論説文を書く人の多くは、わかりにくい文章をたくさん読んできた人で、「わかりにくい文章に苦痛を感じる感性」を失っている。だから、平気で（あるいは好んで）わかりにくい文章を書く）

［注：この場合の文章は、自分が書きたいことをただ並べているだけで、最後は大ボケ文——結論として導かれる事柄でもなく、主張でもない文——で締めくくられます。結論の部分に書くのは、「結論として導かれる事柄」であり、かつ「（議論における）主張」でなければなりません（これらについては、第2章で詳しく説明します）。］

わかりやすい文章を書く

さて次は、「文章のわかりやすさ」という部分の話をもう少し先に進めましょう。

あなたは、「わかりやすく正確に伝えよう」という配慮がゆき届いた文章を書かなければなりません。したがって、あなたは読み手に「読解力」を求める文章を書いてはならないのです。読み手が「読解」せねばならない文章は、「下手な文章」と考えましょう。

☆難しい文章

論文を書く（上手に書く）ために、あなたは文章に対する考え方を根本的に改めねばなりません。「何を改めねばならないか」の１つは、「内容がかなり難しい文章は存在しない」という点です。

ａ　読み手が内容を理解するのが難しい文章――これは存在します。

ｂ　これから書こうとしている文章で、「どう書いたら読み手に正しく伝わるか」が書き手にとってよくわからず、どう書くかの決定が難しい文章――これも存在します。

「内容がかなり難しい文章」とふつうとらえられるのはａのタイプで、これは書き手が下手なだけです。

ｂについては、書き手が上手なら読み手は「内容が難しい」とは感じませんが、書き手が下手ならａとなって「内容がかなり難しい文章」と感じることになります。

「内容がかなり難しい文章」とは、本当は「書き手が下手な文章」なのです。

大意要約が必要な文章を書くな

あなたは、読み手に「読解力」を求める文章を書いてはなりません。したがって、大意要約が必要な文章を書いてはなりません。

「大意要約が必要な文章」とは何かは、日本人の誰もがわかるはずです――国語の教科書や大学入試問題でふんだんに見ていますから。それらを数秒ながめたとき、あなたはその文章の概要がわかりますか？　もちろんわからないでしょう。つまり、「大意要約が必要な文章」は、「伝えたいことを読み手に簡単に理解できるように伝えようとする意志が欠けている文章」なのです。大意要約が必要な文章を書いてはいけません。

では、どうする？

あなたは、大意要約（概要）そのものを文章中に書かねばなりません。それを第1パラグラフに置くのです。そうすれば、読み手が簡単に理解できる文章になります（細かい話に踏み込んでしまいましたね、このことについては第3章で再び扱うことにしましょう）。

☆多くの日本人に欠けているもの

それは、「ていねいに説明する能力」、「読み手に理解させようとする意志」、「読み手が容易に理解するための工夫」です。

ていねいに説明する能力が欠けているため、作文は小説調になりやすい傾向があります（「支えるものをはっきり示すことのない文章」になるのです）。また、読み手に理解させようとする意志が欠けているため、たいした説明もせずに相手が結論（や自分の判断）を受け入れることだけを強く迫ることになります。さらに、読み手が容易に理解するための工夫が欠けているため、大意要約が必要な文章を書いて平然としていることになるのです。

書き方の最大のコツ

要点を簡潔に、説明を詳しくていねいに

よくある「悪い文章」の1つは、『何を述べようとしているかを最後まで語らずじまい』にしている文章です。

――何を述べようとしているかを、最後まで語らずじまいにしてはなりません。

よくある「悪い文章」のもう1つは、『何を述べようとしているかを明かさずに細かい話を始める』文章です。

――何を述べようとしているかを明かさずに、細かい話を始めてはなりません。

さて、これまで駆け足でいくつかの重要点を見てきました。駆け足とはいえ、かなりの量になってきましたね。重要点はまだまだ続くのですが、説明のみがただ続くのでは目がその上を通っているだけになる恐れもあるので、ここで説明を一旦中断し、論文のサンプルを1つだけ置いておきましょう。これを読めば、その後に続く説明はずっと理解しやすくなるでしょう。

また、これまでの重要点の意味をこのサンプルをとおして確認してください。

サンプル文例①

『日本人とコミュニケーション』

日本人とコミュニケーション

○○ ○○

　日本人には、「感情がすべて」という面があり、これは国際社会でのコミュニケーションに問題を生むことになります。自分の主張の正当性を説明すべき理詰めの議論で感情を持ち出すのは間違いだからです。日本人は発言の際に、この点に注意せねばなりません。

　「感情がすべて」の発言の典型例は、「＊＊は不快だからやめて」です。「＊＊は不快だからやめて」と言う人は、それで発言は十分で相手に意味は通じるし、相手が納得しなかったら（「お願い」の形の「命令」に従わなかったなら）、相手は身勝手だと考えます。やめてほしい理由を詳しく説明しようとしません（説明する場合は「うっとおしいから」とか「目障りだから」などのような「不快だ」の同義反復のような説明をするだけです）。その人が「やめてほしい」と思うことの正当性を相手に伝えようとする努力をはらいません。「私が感情を述べることで相手は納得するはず」の思い込みがあるのです。

ところが、理詰めの議論では「その人の感情の如何」は、その人の主張の正当性を支えません。理詰めの議論では、自分の主張の正当性を感情とは離れた点から説明するのが大事なことであり、感情を持ち出すのは余分な行為（かつ、論点外れの発言）となります。たとえば、AゆえにBができず、そのため不快になった場合、大事な点は「AゆえにBができないこと」です。「AゆえにBができないから、Aはやめて」と言えばいいのです。不快云々と述べる必要はまったくありません。感情を前面に持ち出し、それをメインに据えると、状況の肝心な点が何かを見損なっている発言（かつ、知性の低い発言）になるのです。

日本人は発言する際に、「感情がすべて」を発言内容に反映させないよう十分に注意せねばなりません。

サンプル文例①の作成行程

『日本人とコミュニケーション』をどのような行程で作ったか、を以下に示します。

論文にせよ作文にせよ、以下のような手順で作ってゆくと、わかりやすい文章を簡単に完成させることができます。その作業の流れを見てください。

なお、ここにあるサンプルの内容そのものは本項では重要ではありません。内容そのものとして何を書くかは、その人がどのような考え(及び知識)を持っているかに依存します。「こういう内容は私には書けない」とか、「こういう内容を書きたくない」などのような観点からは見ないでください。そういう観点から見るのは見当外れだからです。「理想的な内容」というものも存在しません。内容そのものについて大切なのは、「あなた自身を表現すること」であり、それで十分ですし、かつそれが「必要なもののすべて」だからです。論文を書く際は、「内容そのもの」に関して、あなた自身を表現する以上のことをしようと試みてはなりません。それでは、存在しないものを追い求めることになり、出来上がった文章は、あなたも読み手も結果的に理解できないものになります。

またさらに、ここに注意していただきたいのですが、論文を書くうえでもっとも大切なものは「内容そのもの」ではないという点です。「あなたの表現能力――『核』をいかに上手に支えることができるか、の表現能力」なのです。たとえば、「映画と小説では、どちらにより大きな影響力があるか」に答えて書く論文（競技論文）では、どちらに影響力があると書いても、それは採点にはまったく影響しません。「こういう理由なら＊＊のほうが影響力があると考えるのはもっともだ」と読み手を納得させられるか否かが、採点を大きく左右するのです。同じ結論で、同じ理由であっても、表現力で文章の説得力はまったく変わります。「上手に支える表現能力」がもっとも大切なのは、そういう理由によります。

さて、作成行程です。

『日本人とコミュニケーション』というタイトルで文章を書こうとしている状況です。

まず、いろいろ思いつくことを紙に書き連ねた結果、あなたが「何を言いたいのか」が見えてきます。それを紙の片隅に、実際に文字で書きます（頭の中で考えるだけではなく）。それは次のようになります。

> 「理詰めの議論では、自分の主張の正当性を説明するのがもっとも大事」
> ゆえに
> 「日本人は発言する際に、「感情がすべて」を発言内容に反映させないよう十分に注意せねばならない」

右のように紙の片隅に書いた文で内容構成（要素）が決まります。まず、「核」は、

「日本人は発言の際に、『感情がすべて』を発言内容に反映させないよう十分に注意せねばならない」で、この「核を支えるもの」は、

「理詰めの議論では、自分の主張の正当性を説明するのがもっとも大事」

――となります。したがって、それを支えるためには、現状の説明と、どう改善すべきかの例が必要であることがわかります。


さて、次は文章構成です。

このサンプルの根幹は、先ほど紙の片隅に書いた文です。それを詳しく説明するのが目的の文章となるようにするのです。文章にそれ以外の概念を持ち込んではいけません。そうすると、余分なものを書くことになってしまうからです。

なお、文章の構成の仕方や用語の説明は後で述べますから、いまはそれを理解しようとする必要はありません。ただ「ふーん」と見るくらいでよいでしょう。


文章構成のうち、まず結論の部分が次のように決まります。

「日本人は発言する際に、……に注意せねばなりません」

これではちょっと単純すぎるのですが、この論文で述べたいのはこの単純なことだけなので、いまはこれでよしとしましょう。

次に、文章の頭に置くイントロダクションです。ここは、読み手に全貌がわかるように書かねばなりません――が、詳しく書きすぎてはいけません。詳しく書きすぎると、文章の残りの部分を読む価値がなくなってしまうからです。

こうして出来上がったのが「日本人には、『感情がすべて』という面があり……日本人は発言の際に、この点に注意せねばなりません。」の部分（第1パラグラフ）です。

次は、ボディーです。ここでは、イントロダクションで書いた内容の説明を詳しく書くわけです。読み手に正確に、かつ、わかりやすく伝わるように注意して、ていねいに書きます（ここがあなたの表現能力の見せ所で、あなたは結論を支える力をこの部分に与えねばなりません）。ボディーに書く内容は、

・「感情がすべて」についての説明（詳しく）

・「理詰めの議論では、自分の主張の正当性を説明するのがもっとも大事」とそれについての説明（詳しく）

の2つとなり、この2点を述べるのでボディーの部分のパラグラフは2つとなり、これで文章が完成します。

なお、ついでなので文字数のことに触れておきましょう。

文字数制限のある論文では、当然ながら文字数を調節しなければなりません。その文字数の調節は、ボディーの部分で行ないましょう。ここをどれほど詳しく書くかで文字数はいくらでも調節できます。たくさん文字数が必要な場合は、例をふんだんに挙げるなどして説明を非常に詳しくすればよく、逆に、文字数を少なく抑えねばならないときは、説明の詳しさを（涙をのんで）切り詰めればいいのです。

文字数の調節はボディーの部分の詳しさの程度を調節することで可能であり、また、それ以外のことで行なうべきではありません。

ところで、『日本人とコミュニケーション』は、文字数は少ないものの、説得力があるでしょう？　この説得力がどこからきているのかわかりますか？

――それは「説明の詳しさ」からきています。

ボディーの説明を、ていねいに詳しく書き、論文に説得力を加えましょう。

説得力ある論文

ここで、説得力について少し述べておきましょう。サンプルの直後なので、以下で私が何を述べているのかは容易にわかるでしょう。なお、説得力については第4章で詳しく説明します。

論文は説得力あるものでなければなりません。説得力という「力」がたっぷりあふれていなければなりません。そういう意味で、論文はパワフルでなければなりません。そのため、説明を詳しく書くのは、論文をパワフルにする必須条件なのです。つまり、論文には（作文でもそうですが）具体的な細部（説明を詳しく書いた部分）が必要なのです。

さらに、文章をパワフルにするためには、あなたは自信を持って文章を書かねばなりません。自信のない表現には説得力はありません。あなたが信じていることを、自信を持って書きましょう。そして、なぜそう信じているかをたっぷり説明すれば、論文はパワフルになるのです。

また、熱意を込めて書きましょう。熱意は読み手に感染するので、それで説得力はさらに増します。

［注意：本書をここまで読み進んだ人は、もはや「説明を詳しく書かない」ということはないでしょうが、念のために付記しておきます。信じていることを自信を持って書くだけで、なぜそう信じているかを説明しない場合は、文章は独断に満ちた感じのする高圧的なものになってしまいます。「説明不十分」としてはなりません。］

何ページか前に私は、「日本人の多くは、読み手に理解させようとする意志が欠如していて、その代わりに、結論（や自分の判断）を何がなんでも受け入れさせようとする意志がある」ということを書きました。実際のところ、意志そのものがそうであるかは私には知りようがないのですが、そう判断できる行動をする人はたくさんいます。その人たちの発言の共通点が何かわかりますか？

それは「説明不十分」です。

論文によくある欠点

現在書かれている論文の多くは下手な論文で、それらには左図に掲げた欠点のうち少なくとも1つが含まれています（これらは大きな欠点です。小さな欠点を挙げたらきりがないでしょうが、小さな欠点は些細なことで、たいした問題ではありませんね）。

下手な論文の欠点

- **伝えたいこと**（「要するに何を言いたいのか」の部分）**がない**
- **書き手自身の意見がない**
- **書き手自身の「その人らしさ」がない**（ほかの人と異なる「これが私」という部分がない）
- **わかりやすく、正確に伝えようとする意志・能力がない**
- **支えるものがほとんど**（あるいは、まったく）**ない**
- **スペシフィックでない**（スペシフィックとは、「漠然としている」の逆の意味）
- **リーズニングが幼稚か、間違っている**（リーズニングとは、「核」と「核を支えるもの」のつながり方の意味）
- **「1つのもの」になっていない**
- **論ずるフォームになっていない**
- **知識不足、経験不足**（これは、とくに学生の場合）

論文にするためのポイント

さて、右ページ図に掲げた「欠点」をもとに、「では、どうしたらいいのか」を書いてみましょう。

・あなたの考えを示せ
・伝えたいことが読み手に正確に、かつ容易に伝わるよう、可能なかぎりの工夫・配慮をせよ。そのために、
——「核」を明言せよ
——数秒ながめて全貌が見えるような文章を書け。そのために、
——大意要約（概要）そのものを文章中に書け
——「この文章で要するに何を言いたいのか」に関しては、２、３秒ながめただけでわかるようにせよ
——要点を簡潔に、説明を詳しくていねいに
——正確に表現せよ
——容易に理解できるように書け（読解力のない人でも瞬時に理解できるように）

——慎重に書け
——ていねいに言葉を尽くして書け
——スペシフィックに書け（これについては第4章で）……※
・（「核を支えるもの」の詳しさで）読み手を納得させせよ
・自信と熱意を持って書け
・論文は「1つのもの」にせよ。そのために、
——文章は「核」「核を支えるもの」「文章をわかりやすくかつ正確に伝えるための表現上の工夫」で構成し、それ以外のものを書くな
——文章中に論理的なギャップを置くな
・（とくに学生の場合）さまざまなことに関心を持ち、それらに関して「私はどう考えるか」を常に考え、自分自身の意見が何かを認識せよ……※
・リーズニングを正確に（これについては第3章で）……※

以上、後の章で説明する※の部分を別にすると、これまでに述べたことばかりなのがわかりますね。41〜42ページのサンプル文例を見て、これらがどのように（また、どれほど）満たされているかをチェックしてみてください。

【問題2】

次の文には構成上の欠陥があります。それは何でしょう？

「＊＊にはAという面があり、Bであるけれども、Cの点やDの点を考えると、結局Eということになる」

【答え】

欠陥は、肝心なことが先に述べられていない点です。

肝心な点を先に言いましょう（細かいことを言う前に）。たとえば、次のように述べるのです。

「＊＊はEである。＊＊にはAという面があり、Bであるけれども、Cの点やDの点を考えると、結局Eということになる」

細かい話（1）──「核」

さて、これからは少し細かい話をしてゆきましょう。
まず、「核」についてです。

「核」は文中に1つだけ書く

「核」は、前に書いたとおり文中に書かねばなりません。「文章全体で表現」はだめで、暗示にとどめるのもだめです。分けて複数の文に散りばめるのもだめです。たとえば、次のようにするのはだめです。

「〜とは何だろう。（中略）＊＊だ。（中略）つまり＊＊なのだ」

この形式で文章を書く場合、たいていは第1パラグラフの最後が「〜とは何だろう」となり、いくつか後のパラグラフの最後が「＊＊だ」で、さらにいくつか後のパラグラフの最後が「つまり＊＊なのだ」となります。これでは大意要約が必要な文章になってしまうので、だめなのです。

「核」は必ず1つでなければなりません。さもないと、文章が「1つのもの」ではなくなるからです。

述べたいことが複数あり、それらを述べるなら、それらを通じて何を言いたいのかの「核」（1つ）がなければなりません。

たとえば、次のような形式ではだめです（次の例では「核」が2つあり、文章は「核」とは関係のない大ボケな結論で終わっています）。

例「動物園にはハイエナがいる。また珍獣のオカピ[注]もいる。また＊＊であり、……。（中略）で、動物園は、子供が日頃接することのない野生生物に接することができる場である。（改行）また動物園は＋＋であり、＋＋であり……（中略）……、絶滅の危機に瀕している生物を保護する重要な機能もあるのである。（改行）私たちはこういったことに日頃気づかないが、動物園に行ったときはこういった点に気づきたいものである」

（注）偶蹄目キリン科の動物

※本項は「核」についての項であって、「結論のあり方」の項ではありませんが、ついでなので書いておきます。

結論で「こういった点に気づきたいものである」と書くのなら、「なぜ気づくべきか」の理由の部分をふんだんに説明する必要があります。その説明がまったくない状態で「気づきたいものである」と書くと、結論に余分なものを含めたことになりますから、それではだめです。［結論のあり方については、第6章で説明します。］

さて、話を「核」にもどしましょう――。

この変な文章の「核」を1つにすると、たとえば、次のような文章になります。

【書き換え例】

「動物園には2つの重要な役割がある。1つは、子供が日頃接することのない野生生物に接することができる場としての役割であり、もう1つは、絶滅の危機に瀕している生物を保護する場としての役割である。（改行後、子供が日頃接することのない野生生物に接することができる場としての役割についての詳しい説明を書き、さらに改行後、絶滅の危機に瀕している生物を保護する場としての役割についての詳しい説明、と続ける）」

細かい話(2)——構成

構成には２つの面があります。要素の構成と文章の構成です。その順に見てゆきましょう。

要素の構成

「核」を意見で支え、意見を事実で支えよ。

——ここで言う事実とは、知識・資料や体験したことなどを意味します。

文章は、「核」と「それを支えるもの」(と「文章をわかりやすく、かつ正確に伝えるための表現上の工夫」)で構成しなければなりません。それ以外のものを書いてはいけません。「それを支えるもの」とは、意見と事実です。ここで言う事実とは、意見を支える事実を指します。

したがって、全体の構成としては、「『核』を意見で支え、意見を事実で支える」形となります。

たとえば、次のような形です——。

（核）――――――――＊＊に注意
（支える意見）――――△△の危険性があるから
（それを支える事実）――「その件に該当する体験話」

文章の構成

文章は、「イントロダクション」、「ボディー」、「結論」の順に構成しましょう。

「イントロダクション」は、文字どおり「紹介」の部分です。ここでは、その文章が何について書かれているのか、要するに何を言いたいのか（A）、それを支えるものは何か（B）を書きます。これらを書いて文章の全貌を見せるのです。ただし、46ページで書いたとおりAとBはごく簡単に書きましょう。ここを詳しく書きすぎると、残りの部分を読む価値がなくなってしまいますから。

「ボディー」は、Bの部分を詳しく説明する部分です。ここは日本語ではふつう「展開」と呼ばれていますが、その語を誤解している人がよく話を「発展」させてさまざまな話をここに書きますが、それは間違いです。「核を支えるもの」以外の内容をここに書いてはいけません。

「結論」は、それまでの要約を書く部分です。ここでは「要するに何を言いたいのか」（C）を前のAよりも詳しく書きましょう。「イントロダクション」と「ボディー」の中で書いてない内容・概念をここで初めて登場させてはなりません。

なお、CとA（どちらも「要するに何を言いたいのか」）がまったく同じ文であっても悪くはありませんが、それでは多くの場合、文章は洗練さに欠けたものになります。Cは長く詳しく述べる形にし、Aはごく短く縮めた形（詳しい説明が必要な形）にするのがベストです。なぜなら、Aを詳しい説明が必要な形にするので、その必要性に答えてあなたはボディー以下の文章でその説明をする形となり、そこに論理性が強く出ることになるからです。

また、パラグラフ数については、２０００字以内の論文（や作文）の場合、「イントロダクション」と「結論」がそれぞれ1つずつ、「ボディー」が1つか2つが理想的です。「ボディー」のパラグラフ数を1つにするか2つにするかは、その内容によって決めましょう――1つのことを述べているならパラグラフも1つ、２つのことを述べているならパラグラフは2つ、という具合です。

ちなみに、同じことを述べている途中で改行してはなりません。意味のブロックでパラグラフを作らねばなりません。そのようにした文章は理解しやすいからです。また、そのパラグラフで何を言おうとしているかを、なるべくパラグラフの冒頭に書きましょう（書く内容によってはそうするのが難しい場合がありますが、そうできる場合は必ずそうしましょう）。

そのようにすると理解しやすい文章になるからです。
［この「文章の構成」については第6章で詳しく説明します。］

【問題3】

次の主張は正しい？

「課題作文の小論文を書く際に大事なことは、自分が書きたい核心部分に、いかにうまく到達するかである」

【答え】

間違い。

核心部分は、第1パラグラフのイントロダクションで示さねばなりません。核心が何かを最後近くまで秘密にして書き進めている文章は、数秒ながめただけでは全貌が理解できません。読み手にとって「読むのが苦痛な文章」となるばかりか、読み手に負担（解読）を強いることになり、それではだめです。

さて、ここで再びサンプルを置きます。

「提案」というタイトルの課題作文として書いた文章、くらいに考えてください。

サンプル文例②

提案

提案に関しての考え方や行動は、日本とアメリカでは大きな違いが見られる。日本では、他人の判断を憶測し、その反応の予想が否定的ならば提案せずじまいとする傾向があるが、アメリカではそういう傾向はない。

日本では、よい案と自分で思っていても、却下される可能性が高いと自分で考えた場合、提案そのものをしない人が多い。他人がどう判断するかを憶測し、その予想で提案するか否かを決める。日本では、他人にとっての「よさ」が低いと予想する場合、提案はされずじまいとなるのである。考え方にしても「却下される可能性が高い提案をするべきではない」という考えを持っている人も多そうである。他人の提案で、却下される可能性が高く結局却下されたものについては、「そんなもの却下されるに決まっているのに、なぜ提案なんかしたんだ？　提案する前にもっと考えろよ」くらいの発言をする人すらいる――このタイプの人は、自分では意識していないだろうけれど、「誰も考えは似たようなもの」という考えを持っていて、それで「もっと考えればわかったはず」との発言になるのである。「考えは人それぞれ」と思っているなら、「他人の考えは、ただ自分で考えているだけではわかりようがない」と思うはずだからである。

日本の状況がこのようであるのは、おそらく、話し合わなくても他人の考えがある程度わかる社会だからなのであろうし、それゆえ、他人の判断（への推測）をもとに行動することが、社会習慣として求められているからなのでもあろう。

一方、アメリカでは、このあたりの状況はちょっと異なる。アメリカでは、人は、よいと自分で判断した案は、自信を持って提案する。「却下されるか否かを憶測し、憶測結果で提案をやめる」ということはしない。他人がどう判断するかは他人に聞いてみなければわからないからである。もちろん、提案前に、自分の提出する案が検討に値する案だろうか、と懸念する人は大勢いるが、検討後、結局却下されるか否かを憶測し、その憶測で提案をやめることはない。提案をやめるのは、自分の判断における案のよさが低い場合である。提案は、建設的なものならどんなものでも歓迎される。基本的には案は多ければ多いほどよく、「くだらない案」が不快感で迎えられることはない。異なる考えを尊重する社会だからである。アメリカの状況がこのようであるのは、話し合わなければわからない社会だからである。

以上述べたように、提案に関する考え方や行動は、日本とアメリカで大きく異なる。日本では、他人がどう判断するかを憶測し、その予想で提案するか否かが決まる面があるが、アメリカでは、そのようなことはない。その違いは、話し合わなければわからない社会と、話し合わなくても他人の考えがある程度わかる社会の違いからきているものなのであろう。

ほかの人は何と言うだろう?
憶測
憶測
憶測
これが日本人

ちなみに、この文章を「日本とアメリカにおける、提案という行動における違いを論ぜよ」という問題に答えた論文とするためには、冒頭の文を、

「日本とアメリカにおける、提案という行動におけるもっとも大きな違いは、日本では、他人の判断を憶測し、その反応の予想が否定的なら提案せずじまいとする傾向があるが、アメリカではそういう傾向はない点である。」

とすればいいですね。そして結論部分も同様の変更を加えればいいのです。

サンプル文例②の作成行程

まず最初は、「提案」について思いつくことを走り書きします。

それらは次のようになります。

提案
日本人の特殊な面の1つ
却下される可能性が高い、と判断する提案をしない。提案せずじまい
間違った発言をすることを極端に嫌う国民性に由来する?
他人の「くだらない提案」に、不快感を示す人もいる
アメリカではこのあたりのことは、ちょっと異なる

ここまで走り書きをすると、「日米比較をしよう」と方針が立ちます。そこで、冒頭の文は「提案に関しての考え方や行動は、日本とアメリカでは大きな違いが見られる。」と決まります――これを冒頭に置けば、以下に書かれている文章（まだ書いてないけれど）が日米比較の文章であることが読み手にわかります。

次に、ボディーの部分に置く「比較した内容」のメモを書き、それをじっと見つめて「違いの要点」を考えます――それでその部分「日本では、他人の判断を憶測し、その反応の予想が否定的なら提案せずじまいとする傾向があるが、アメリカではそういう傾向はない。」が決まります。これでイントロダクションが決まります。

文章内容はこれだけ（ボディーはイントロダクションの部分をていねいに説明するだけ）でもよいのですが、そうすると「結論」部分は「イントロダクション」とまったく同じになりかねず、さえない感じになりますから、日米の違いを生んでいる理由（と思える社会背景）も「結論」に（したがってボディーにも）含めることにしましょう。この点も「ボディーに書く内容」のメモに書き込み、それをじっと見つめて「理由」の要点を考え、結論部分が決まります。

あとはボディーに置く「比較した内容」のメモから、結論とは関係のない項目を削除して、残った項目が読み手にわかりやすくなるような説明をていねいに加えれば文章が完成します。

単純化について

本文例中の「アメリカが、話し合わなければわからない社会」というのは話を単純化しすぎています。アメリカでも、話し合わなくてもわかることはいろいろあります。ただ、その点まで詳しく書くと話が複雑になりすぎるので、やむをえず単純な話にしているわけです。

とはいえ、私は単純化を勧めているわけではありません。単純化は、1つのテーマについて長い文章を書けないならある程度はやむをえませんが、無造作に行なってよいわけではありません。極端な単純化は論文の説得力をなくすので、単純化にはかなりの注意が必要です。

ここをもう一度見て

サンプル文例②の3つ目のパラグラフ（62ページ）をもう一度見てください。その冒頭は、「一方、アメリカでは、このあたりの状況はちょっと異なる。」となっていますね。まずこう書いてから、どう違うのかをそのパラグラフで詳しく書く形になっています。59ページで述べた「そのパラグラフで何を言おうとしているかを、（なるべく）パラグラフの冒頭に書きましょう」とは、このように書くことです。

また、この文の頭の「一方」は、このパラグラフではその前のパラグラフとの対比の内容が書かれていることを示していて、これは57ページで述べた「文章をわかりやすく、かつ正確に伝えるための表現上の工夫」にあたります。

第2章
論文では「議論」を書く

「要するに何を言いたいのか」については、「なぜそう言えるのか」の理由とともに書いて、読み手を納得させましょう。

論文では「議論」を書け

論文では、あなたは「議論」を書かねばなりません。ただし、ここで言う「議論」は、たぶんあなたがいま考えている意味の「議論」ではないでしょう。ここで言う「議論」とは英語のアーギュメント（argument）の意味ですが、それを「議論」と呼ぼうと呼ぶまいと「議論を書け」とは、次項で説明する「理由を添えて述べよ」の意味です。

議論（アーギュメント）

主張と、それを支える理由からなる発言（記述）。つまり、「Aである。＊＊だから」の形です（「Aである」の部分が主張で、「＊＊だから」の部分がそれを支える理由です）。

反論（カウンターアーギュメント）

反論は議論でなければなりません。そしてその主張部分は、「反論を加えるもとの議論中の主張」の否定でなければなりません。つまり、「Aではない。＋＋だから」の形です。「AではなくBである。＋＋だから」でも可――「Aではなく」の部分がありますから。

もとの議論中の主張を否定する部分は明言されていなければなりません。[注] つまり、「Aではなく」の部分を省略して「Bである。＋＋だから」ではだめで、それでは反論ではありません。

［注：否定部分が論理的に自明なら省略は可。たとえば「今年最高の映画はAである。＊＊だから」に対し「いや、そうではなく、今年最高の映画はBである。＋＋だから」と述べるのは反論になっています。

ただし、論文を書く場合は、いかに論理的に自明ではあっても、否定部分は省略しないで明言するようにしましょう。明言すると強い論理色が出せますから。］

【問題１】

S「図書館では静かにしていることが大切である。＊＊だから」に対し、

T「図書館では、それよりもむしろ、本をていねいに扱うことのほうが大切である。＋＋だから」と述べるのは反論になっている？

【答え】

反論になっていない。

Tは、Sが「『図書館でもっとも大切なことは、静かにしていることである。＊＊だから』と述べたと誤解しています。

理由を添えて述べよ

論文では、必ず理由を添えねばなりません。理由が書かれていなかったなら、あなたは何かを論じたことにはならないからです。

その「何か」とは「あなたの主張・意見」ですが、その部分は、何でもいいわけではありません。「理由を添えて『何か』を述べる」とは、どう書くことかを以下で説明します。まず、次の２つの問題を見てください。

【問題２】

あなたは次の発言に賛成ですか？　反対ですか？　理由と例を挙げて答えなさい。

「ゲーム（をすること）は、私たちに人生を教える」

【問題３】

プレゼント（たとえばチェス・セットとか人形）は、子供の発達に貢献することがあります。子供の発達を手助けするために、あなただったら何をあげたいですか？　それを選ぶ理由と例（体験例など）を挙げて答えなさい。

これらの問題に答えるために書く文章が「論文」です。「理由を添えて『何か』を述べる」とは、それらの文章であなたがしていることです。論文は、問題２に対して答えるタイプか、問題３に対して答えるタイプの文章のいずれかでなければなりません。「核」（前述の「あなたが述べる『何か』」の部分）は、そのようなタイプのものでなければならないのです。――これがどういう意味かは、２ページ後に別の言葉で書きます。

「核」のあり方

前項の問題2に答える場合の「核」は、「賛成」あるいは「反対」のどちらかの側から書かねばなりません。また問題3の場合は、「私は＊＊をあげたい」という具体的な案でなければなりません。以下のような「核」はだめです。

［問題2の解答としてはだめな「核」の例］
・ゲームは私たちに人生を教えるのではないだろうか
・私にはまだわからない。ゆっくり考えてみる必要がありそうだ
・私はゲームをしたことがあまりないから、わからない
・どちらでもない（私は賛成でも反対でもない）

［問題3の解答としてはだめな「核」の例］
・数ある候補の中から1つを選ぶのは、難しい問題だ
・柔らかく暖かいものをあげたい（具体的でない）

「核」を理由で支える

そして、以上のこと（答えの書き方や「核」の書き方）は、基本姿勢のあり方としてすべての論文にあてはまります。たとえば、

「日本の高校教育の問題点を論ぜよ」という問題では、あなたは「あなたが問題点と信ずる点」をいくつか具体的に挙げ、なぜそれらが問題なのかを例を挙げて述べねばなりません。「何が問題なのかは、ゆっくり考えてみる必要がありそうだ」ではだめです。「いろいろあるが、どれが重要問題かは一概には言えない」でもだめです。「英語教育のあり方がもっとも問題ではないだろうか」と、出題者に対して逆に問いかけるのもだめです（出題者が読みたいのは「あなたの意見」であって「出題者への質問」ではありません――「論ずる」とは「理由を添えて何かを述べること」であり、「読み手に質問すること」ではありません）。

つまり、あなたは論文では、

①　二者択一（賛成か反対）か、

②　多肢（可能性として存在する無数の多肢の中）から1つ、あるいは複数を選択する形[注]で答えねばならないのです。何も選択せずにいるのはだめです――何を選択するかを明言し、それを理由と例で支えねばなりません。

［注：ここで言う「多肢（可能性として存在する無数の多肢の中）から1つ、あるいは複数

を選択する」とは、「問題点を具体的に示す」とか「案（対策案、改善案など）を具体的に示す」などの意味です。これらが何をすることか、例を挙げましょう。

たとえば、「日本の国際化」というタイトルの課題作文を書く場合、（国際化を肯定するとして）進める方法を論ずるのなら、「日本の国際化を進めるためにどんな方法がもっとも効果的でしょう？　あなたが選んだ案を、理由と例を挙げて答えなさい」などに答える文章として書かねばなりません。

また、（日本の国際化がなかなか進まない、を肯定するとして）国際化が進まないことに対する問題点を論ずるのなら、「日本の国際化にとって、もっとも障害となっているものは何でしょう？　それはなぜ問題なのでしょう？　理由と具体例を挙げて答えなさい」などに答える文章として書かねばなりません。

また、たとえば、読書感想文で、読んだ本が気に入ったことを書く場合は、「あなたはその本をどのように気に入ったのですか？　その本のどんな点がすばらしいのですか？　そして、気に入った理由はなぜですか？　これらの点がはっきりわかるように答えなさい」などに答える文章として書かねばなりません。」

——「論ずる」とは、そのように書くことなのです。

ポイント　理由で支えないなら「議論」ではない

よくある誤解

「理由を必ず書け」という点から見ると、次のAはその後のBと同じことを書いていることになります。Aのような文章を書いてはいけません（それでは「議論」ではありません）。

A――＊＊が決定された。このような理不尽なことが許されていいのだろうか。早急な対策が望まれる。

B――＊＊の決定は理不尽と私は考えているが、なぜ理不尽と言えるのか、その理由を私は書かない。早急な対策が必要と私は考えているが、なぜそうなのか、理由を私は書かない（し、私から対策案を具体的に示すこともしない）。

「肯定でもない。否定でもない」はだめ

「どっちつかず」はだめです。たとえば、「AとBのどちらを大切にすべき？」に対し、「どちらもおろそかにしないバランスが大切」はだめです（「AとBのどちらを大切にすべき？」

という質問は「AとBのどちらをおろそかにしてよい？」の意味ではありません）。
この「どっちつかず」の発言（記述）は日本人にとても多いので、無意識にこのタイプの発言をしないよう注意が必要です。

どっちつかずの発言をする人は、「Aのほうが大切」という意見に対して「Bをおろそかにするのはよくない」というタイプの『反論』を述べます。これは大ボケ反論です。「Aのほうが大切」は、「Bをおろそかにするべき」という意味ではありません――もっとも、どっちつかずの発言をする人は、その違いがわからないから、どっちつかずの発言をすることになるわけですが。

さて、以上の繰り返しですが、「主張」という言葉を使うと「核」については次のとおりになります。

ポイント 「核」は「主張」でなければならない［ここで言う主張とは、次のものです。］

論文における「主張」とは

話題が、「AはBであるか否か」とすると、

「AはBである」、あるいは、
「AはBではない」
と述べるのが主張です。
「AはBか否か、わからない」では主張ではありません。
「AはBではないだろうか」（の質問）は主張ではありません。
「AはBか否か、検討が必要である」でも主張ではありません。

【問題４】

次の文章は何かを論じている？
私立大学の入試問題には、とんでもない問題が多い。ちょっと見ただけで笑っちゃうわ。問題を作る人は、いったい何を考えてるのかしら。この現状を、誰かにどうにかしてほしいものです。

【答え】

論じていない（この文章のタイプは75ページのAと同じで、議論が書かれていません）。

す。

議論においてすべき「主張」
――「主張」がどんなものでなければならないかは、以下のように表現することも可能です。

『あなたの「主張」は、その発言（記述）後、その話題の議論の中心となるタイプのものでなければいけません』

例を挙げますと、たとえば話題が「Aするべきか否か」であったとしましょう。ここで、もしもあなたが「Aするべきか否かは難しい問題だ」（α）と述べた場合、その後の議論の中心が「Aするべきか否かは難しい問題であるか否か」となるでしょうか？　なりませんね。αと述べるのは、「主張」（議論における主張）ではないのです。また、たとえば、話題が「Bのために私たちは何をするべきか」であったとしましょう。ここで、もしもあなたが「何をするべきかについて、十分な検討を重ねる必要がある」（β）と述べた場合、その後の議論の中心が「何をするべきかについて十分な検討を重ねる必要があるか否か」となるでしょうか？　なりませんね。βと述べるのは、「主張」（議論における主張）ではないのです。

日本人がよくする間違い

それは、主張を要望の形にして、それを支えるものとして「自分ひとりの好き嫌いの感情」を書くことです。

要望の形は主張ではないのでだめで、さらに、「自分ひとりの好き嫌いの感情」では、主張を支えていることにならないからだめなのです(これについての詳しい説明は第３章の「支え方」のところで書きます)。

なお、問題４の文章は、「日本人がよくする間違い」の典型例です。――「この現状を、誰かにどうにかしてほしいものです」が主張を要望の形にしたもので、「とんでもない問題が多い。ちょっと見ただけで笑っちゃうわ。問題を作る人は、いったい何を考えてるのかしら」が、支えるものとして書かれた「自分ひとりの好き嫌いの感情」です。

ポイント　「主張代わりの疑問文」を書かない

主張代わりの疑問文（「～ではないでしょうか」）

これは次の意味です（そのどちらかは、ときによってまちまちですが）。

・「～です。そうではありませんか？」――a

・「『～である』と思うが『～である』と述べる自信はない」――b

aの場合、2つ目のセンテンスは不要です。「意見を述べる」とは「相手に問いかけること」ではありません。

bは自信欠如の表現です。あなたが自信のないことを述べても、価値ある文章にはなりません（述べる自信のあることだけを、自信を持って述べましょう――自信については第5章で説明します）。

「主張代わりの疑問文」を書くと、文章は論文ではなくなってしまうので、それは絶対にだめですが、論文ではそれ以外の部分でも、疑問文の使用は避けるほうが賢明です。前にも書きましたが、論文の読み手が書き手に求めているのは、その人なりの意見です。「読み手への問いかけ」は意見ではないので、論文中に問いかけがあるのは不適切です。また、次に説明する「自問自答のための疑問文」は、書き手をバカに見せるだけです。

「自問自答のための疑問文」

「自問自答のための疑問文」とは、次のαのようなものを言います。

「＊＊はAであろうか。（α）……（中略。ずっと後のほうで）＊＊はAである」（この例の冒頭部分）

これでは、文章は洗練されていなくて「ダサい」だけです。率直に「＊＊はAである」と述べて、以下なぜそうなのかの理由を書いてゆくほうがすっきりしますし、かつ洗練されています。

この類いの自問自答の文章を読んだとき、率直に書かれた文章を読み慣れた人は「＊＊がAか否か自分でわからない状態で文章を書き始めるなよ」とか、「言いたいことがあるのに、なぜわざわざ隠すんだ？」と思うものです。自問自答の文章を書くことにメリットはありません。

感情を表現することに終始する

《図書館内がうるさいとき》

図書館の中がうるさいとき、それに対して大声で何か苦情を言う場合、日本語でよく使われる表現は「うるさーい！」で、英語なら“Be quiet !”か“Quiet !”がふつうです。

日本語の場合は、「感情を述べる表現」になっていて「だから静かにして」という「働きかけ」が言外の意味として置かれ明言されていません。英語の場合は、相手に対する「働きかけ」が明言されています。

論文を書く場合は、いま対比した日本語と英語のうちの「英語の習慣」で書くほうがよい文章となります。「肝心な点を明言せよ。それを放っておいて感情を表現するのを優先するな」ということなのです。

日本語の論文で感情を表現することに終始したものが多いのは、こういう発言習慣からきているのかもしれませんね。

「感情を表現することに終始した文章」とは、次

静かにして
「うるさ～い!」は不要
相手に働きかける
「静かにして」
を言いましょう(怒り抜きで)

のようなことが書いてあるだけの（「働きかけ」が明言されていない）文章のことです。

〜を大変残念に思う
〜には胸がつまる思いがする
〜とは情けない
〜に疑問を感じた
〜にあ然とした

ただし、感情を表現すること自体が完全にだめ、というわけではありません。感情とは別のところに「核」があり、「核を支えるもの」が十分書かれていればいいのです。たとえば、次の課題作文はＯＫです。

［84〜85ページのサンプル文例③の文章構成は、基本形式から外れていますが、「核」の設定の仕方や第1パラグラフの書き方などは基本どおりです。］

サンプル文例③ 『あーあ』

「あーあ」

私にとって、アメリカ人との議論はとっても楽ですが、日本人との議論は困難です。なぜなら、意見の相違はアメリカ人の場合、単に意見の相違にとどまるのですが、日本人の場合、それが即、感情の衝突につながることがよくあるからです。

アメリカでは、意見が衝突するのは当然で、衝突しても何でもないことですが、日本では、意見が異なるのは何でもないことではないんですね。ちょっと食い違うと、すぐに不快感を露わにする人がよくいます。意見を言う代わりに不快感を示すんです——意見を言わなくて、気持ちを言うんです。そういう人がとっても多いのです。

アメリカ人との議論はとっても楽です。意見が衝突しても平然としていますから。相手を説得しようと真剣になって話す量が多くなるだけです。意見が異なっているという理由だけで不快になったりしません。私は相手の意見を詳しくたっぷり聞けて、いつもごきげんになります。「ふーん、そういう考え方も理にかなっているわね」って体験はいつだって楽しいものですから。

一方、日本人の場合は、意見がちょっと食い違うとすぐに不快になります。そして、不快感を示すことで私を黙らせようとするんです。なぜそういうことをするのか、私にはぜんぜんわかりません。そして、私にその答えを教えてくれる人もいません。なぜそういうことをするのか私が聞くと、またまた不快になるんです。

あーあ。

［サンプル文例③のコメント］

結論のパラグラフが「あーあ」の一語だけなのは、特殊な書き方ですが、「この文章を読んだ人が『書き手があーあと思うのは納得がいく』と考えるだろう」と信じるのなら、このような書き方をしてもかまいません。

そして、読み手が実際にそう考えたのなら、その文章は成功なのです。

【問題5】

次の文章（骨格だけの文章）は「議論」の形になっていません。「議論」に書き換えた例（骨格例）を書きなさい。

（カレーに関する思い出話をしばらくした後で）カレーが好まれるのは、高揚感が味わえるからではないでしょうか。

【答え】

カレーは日本では子供から大人まで広く好まれています。カレーが好まれるのは、それを食べることによって高揚感が味わえるからです。［以下、その主張を支える「スパイスの効果に関する具体的な資料」を挙げればよいのです。］

議論の正しい姿勢

何が大切か?

「私が『正確な表現を使って克明に説明すれば』相手は私がどう考えているかを必ず理解し、それを自身で吟味し、結局、私の正しさを納得するはず」という姿勢（これが議論をする際の正しい姿勢です）で、自信を持って述べましょう。

「私の考えは正しいから、私が詳しく説明する必要はない。ちょっと述べるだけでも（正しい考えの人には）意味は通じるからそれで十分」という姿勢で述べるのはだめです（議論の正しい姿勢ではありません）。

それゆえ、議論を正しく行なうための姿勢としては、次の3点（この3点そのものは何度も登場しました）が大切なのです。

① 正確に表現せよ
② 克明に説明せよ
③ 自信を持って述べよ

③は、「あなたが思っていることをダイレクトに、率直に述べよ」の意味です。日常生活で「控えめに述べるのはよいこと」ですが、論文で「自信を持って思っていること」を「控えめに述べる」のは間違いです。「私の考えは間違っているかもしれないが云々」の内容の論文は読む価値がありません。それは、たとえばZ案を採用するか否かを数人で議論している際、「私の意見は間違っているかもしれませんが、Z案を採用するのはよくないような気がします。なぜかはよくわかりませんが」という意見が、意見としての価値がないのと同じです。

「私たちはどうするべきか」を議論しているときに「私」を持ち出すな

この節は「議論」の書き方の点では些細な話題ですが、本書が日本人向けに書かれている本という点では大きな話題です。なぜなら、多くの日本人は「私たちはどうするべきか」の議論で「私」を持ち出す間違いをしているからです。

ここで言う「私たちはどうするべきか」の議論とは、「私たちは」——にかぎらず「誰が」の部分——が言外の部分になっているものも含みます。たとえば、「国立博物館の入場料金を無料にするべきか否か」とか、「教師の給料は、生徒が獲得したものの量に応じて支払われるべきか」とか、「英語を受験科目から外すべきか」などはそれにあたります。

このタイプの議論では、主語は「私」でなく「私たち」でなければなりません。「私」を使うと、自己中心的な暴君の発言になってしまうからです(発言主にそのつもりがなくとも)。たとえば、このタイプの議論で「私は〜をしてほしくない」とか「私は〜をしてほしい」と書くと、それは「私たちがどうするべきかは、私の願いによって決定されるべきだ」、の意となるからです。前の例を使ってもう少し具体的に説明しますと、「私は国立博物館の入場料金が無料になってほしい」は、「国立博物館の入場料金を無料にするべき理由（読み手を納得させられる理由）」とはなりえません。それゆえ、「私は国立博物館の入場料金が無料になってほしい」を書くことはまったく余分なものを書くことになるわけで、その余分なものを『わざわざ』書いていることが、議論を次の意味の文章にしてしまうのです。

「私は国立博物館の入場料金が無料になってほしい。それゆえ私たちは国立博物館の入場料金を無料にするべきである」

暴君の（自己中心的な）発言になってしまうとは、こういう意味です。

【問題６】

「私は気に入っている」――この表現を日本人は「論文」でよく使いますね――この表現を「私たちはどうすべきか」の議論で使わないようにせねばなりません。たとえば、「私は国立博物館の静かな雰囲気が気に入っている。無料になったら大勢やって来るからうるさい場所になってしまう。無料にしないでほしい」といった具合のことを多くの人が書きますが、これではだめなのです。なぜでしょう?

【答え】

なぜなら、そう書くと「私は国立博物館の静かな雰囲気が気に入っている。それゆえ、私たちは国立博物館の入場料金を有料のままでとどめるべきである」の意味となり、(書き手自身にはそう書いているつもりはなくとも)文章の内容は、「自己中心的な発言」になってしまうからです。

「私たちはどうするべきか」の議論で、日本人がよく「私」を持ち出す理由が私にはわかります。「私」を持ち出す人は反論を恐れているのです。「『私にとってどうか』に話をとどめておけば、読み手は反論のしようがない」との思いからそのようなことをするのです。「私が気に入っているか否か」はまったくその人自身のみの問題で、それには誰も反論できない、という意識からなのです。[注]

そのために多くの日本人は「私」を持ち出し、(書き手自身にはそうしているつもりはなくとも)文章の内容を「自己中心的な発言」にしてしまっているのです。

［注：81〜82ページの「図書館内がうるさいとき」の記述を思い出してください。あの「うるさーい！」に反論するなら、その中の主張の部分は「あなたはうるさくないはず」となります（本章の冒頭を参照のこと）。こういう反論をしようとする人はいませんね。つまり、発言を「気持ちを述べるだけにとどめた発言」にすれば、反論を避けられるわけです。「気持ちを述べるだけにとどめた発言」をする人は、それがわかっていてそうするのです。反論を受けたくない気持ち（というよりも、おそらく反論に対する恐れ）からなのです。］

反論を恐れる必要はある？

いいえ、ありません。人の意見はそれぞれですから、どんな意見にも反論はあるものです。反論はあって当然なので、それを恐れる必要は何もありません。

「議論」をする際、反論を避けたいと望むのは間違いです。反論があるのは当然のことなのです。反論があったところで、あなたは何も気にする必要はありません。あなたの意見のほうが、反論よりも説得力があればいいだけのことなのです。あなたは、反論を避けることに努力をはらうのではなく、自分の意見に説得力を

与えることに努力をはらいましょう。［説得力については、第4章で詳しく説明します。］

反論は受けて当然

日本人は、反論を受けることを極端に嫌っています。だから、「反論を受けそうにない」と思うことしか主張できない傾向（極端に強い傾向）があります。

そういう人が、「反論を受けそうにない」とどこで判断するかというと、「大勢が同じ主張をしているか否か」でするのです。

そういう判断をしていることがよくわかる例を1つ挙げましょう。そういう人は反論をする際、「その意見は一般に認められていない」と言います。これで反論としては十分と思っていて、その発言で議論は終わったと思っているのです。（苦笑）

何度も繰り返しますが、人の意見はそれぞれ異なるので、あなたのいかなる意見も反論を受けて当然です。反論を受けることを避けようとする必要はありません。むしろ「どうぞ反論してください」と考えていることが大切です。なぜなら、反論を待つ基本姿勢でいると、あなたは反論を十分考慮したうえで意見を述べるようになるので、その結果、あなたの述べる意見には説得力が加わるからです。

反論が「ちょっぴり」か「たっぷり」かは、あなたの述べ方にかかっています。反論がたっぷりであっても何も悪いことではありませんが、述べ方が上手でないために「たっぷり」となるのはよいことではありません。

支えるものをたっぷり書いて、自分の文章に説得力を与えましょう（それが上手な述べ方です）。あなたが、後に受けることになる反論に対してあらかじめするべきことはそれだけです。

☆一般向けの論説文と「論文」

一般向けの論説文（一般の人々に見せるための新聞や雑誌の文章）を「論文」の手本とするのは間違いです。そこでなされている「議論」の書き方が、たいてい正しくないからです。一般向けの論説文と論文は基本的に異なるからで、その相違は主に次の点です。

一般向けの論説文は、読者（となるはずの人）に「読みたい」という気を冒頭で起こさせなければなりません。読み手の興味を引き、興味を維持することに十分な配慮がなされなければなりません。また、新聞や雑誌の文章は、読み手の好奇心（知識欲を含む）を満たすものでなければなりません。さらに、「読み手のほとんどは知識がほとんどない人」と考えて書かねばなりません。

一方、論文では「読み手の興味を引く部分」がなくてもかまいません。「核」そのもの、あるいは、その支え方が読み手の興味の対象だからです。論文は、読み手の批判的思考に働きかけるもの――議論上手な人を納得させるもの――でなければなりません。

この点が大きな違いで、一般の論説文は、議論上手な人を納得させるものである必要はありません――単に読み物として興味深ければいいのです。

それゆえ、書き方としては、一般向けの論説文は「＊＊のあり方」に関心のない人を読者として想定し、関心を煽《あお》ることから始めるのが正しく、ある程度の知識を与え、あたりさわりのない締めくくりの文（結論になっていない文）を述べて終わりでよいのです。

一方、論文をそういう風に書いてはなりません。論文では、「＊＊のあり方」に大いに関心がある人（で、すでにそれについてずいぶん考えている人）を読者として想定し、その人を納得させることを書かねばならないからです。

【問題7】

次の文章は「議論」になっていますか？《「あなたにとって親友とは何ですか？　＊＊字以内で論じなさい」という出題に答えて書いた文章と考えてください（あるいは『親友』というタイトルで書いた課題作文と考えてもかまいません――どちらでも同じことですから）。》

　親友とは何だろう？　ふだん私たちは、このことについて考えることはないのではないだろうか？　少なくとも私のまわりでは、それについて真剣に考えている者は誰もいないようである。

　だが、これは軽んじていい問題ではない。これは考える価値のある、重要で、かつ、答えを出すのが難しい問題である。

　親友とは、いつもいっしょに行動する者のことだろうか？　いや、そうではない。たしかに、行動をいつも共にする友は大切であるが、常にいっしょにいる必要はない。

　親友とは、真剣な生き方と結びついているものだと私は思う。人が真剣に生きるのなら、その中から自然に親友が生まれてくるのではないだろうか。だから親友は真剣な生き方と切り離せないものである、と私は考える。

　親友とは何か――この問いかけに解答を出すことこそ現代の青年の課題であると私は考える。

【答え】

「議論」になっていません。「書き手にとっての親友が何か」が示されていませんし、「なぜそれが書き手にとって親友と言えるのか」の理由も示されていません。

「この答えは理解できるが、具体的にどう書けばいいのかわからない」と思う人のために、同じ出題について「議論」を書いたサンプルを次に置いておくことにしましょう。

書き方は簡単で、「私にとっての親友が何か」（α）を具体的に示し、「なぜそれが私にとって親友と言えるのか」（β）の理由も示せばいいのです。

αとβに何を書くかは人それぞれですから、その部分は「あなたなりに」書けばいいのです（何を書いたら正解で、何を書いたら不正解というものがあるわけではありません。あなたの考えを率直に書けばそれで完璧です）。

「あなたにとって○○とは?」には、
“○○が何か”と――
“なぜそう言えるのか”の理由
を書けばいい

　私にとって「親友」とは、楽しく意見を戦わせることができる相手です。「それは間違っているわ。＊＊よ」「いや、そんなことはないよ。＊＊だよ。＊＊だからね」「そんなの変。＊＊だから＊＊なのよ」「＊＊ってことはそうだけど、＊＊だから＋＋だよ」――このように進む議論はお互いの考えの違いがよくわかって楽しくて、私は好きです。

　でも、日本ではこういう議論はなかなかできません。できる人もいることが最近わかりましたが、そういう人の割合はごくわずかです。多くの人は、意見が異なると、すぐ不快になります。そして、その不快感を前面に押し出して、その不快感で相手をだまらせようとします。

　それゆえなおさら、楽しく意見を戦わせることができる相手が私には貴重で、そういう人が、私にとって「親友」と呼ぶにもっともうふさわしい人なのです。

レバーの販売は
禁止すべきです。
私はレバーが
大嫌いですから

第3章
「核」を支え、論理性を示す

読み手を納得させるために「わかりやすく正確に伝えよう」と努力すれば、文章は自然に論理的になります。

「核」を決め、読み手にわかりやく表現する

論文を書くのは難しい？

論文を書くのは難しいこと？――いいえ、簡単です。

では、どう書けばいい？

まず「核」（「要するに何を言いたいのか」の部分）を決め、次に何を書いたらそれを支えられるかを考えて決め、それらを読み手がもっとも理解しやすい構成と表現で書くだけでよいのです。

では、どう支えたらよいのでしょう？――論理的に支えればよいのです。

そのためには、どうしたらいい？

理由をていねいに述べればいいのです――飛躍なしに。

したがって、理由説明なし（証明回避）はまったくだめで、主張せずに読み手に問いかけ

るのもだめです。つまり、「〜ではないでしょうか？」はだめです。

ポイント　「わかりやすく正確に伝えよう」という配慮がゆき届いた文章を書け

これを目指していれば、文章は自然に論理的になります。――で、これでこの章を終わりにしても十分ですが、以下、詳しい説明を続けましょう。

「読み手が理解できる文章」を書く

文章には、読み手が容易に理解できるようにするための工夫を加える必要があります。前にも書きましたが、日本人には一般的な傾向として「読み手が理解できるものを書こうという意志や、読み手が容易に理解するための工夫」が欠如しています。そして、その代わりに「結論（や自分の判断）を何がなんでも受け入れさせようとする意志」が存在しています（そのため、相手が受け入れない場合は、「相手は私の判断力を認めていない」などと考えて憤慨する人がよくいます）。「相手が容易に理解できるようにするための工夫」をちょっとしただけでは、多くの人の場合はまったく十分ではないと考えていたほうがよいでしょう。

わかりやすい文章についての説明は後にまわして、「論理」関連の部分から説明してゆきます。

論文に必要な「論理」とは

論理「色」とリーズニングは欠かせない

論文の「論理」には、**論理「色」**と、**読み手を納得させるリーズニング**が欠かせません。

「リーズニングとは、結論と「結論を導いた根拠」のつながり方のことで、論文の場合、結論とは「核」である主張にあたり、「結論を導いた根拠」は「核を支えるもの」にあたります。」

論理「色」は、理詰めの態度で出せます。具体的には、論理関係を示す接続詞の使用と、「飛躍なしで、ていねいに詳しく説明する態度」でこの「色」を出せます。

読み手を納得させるリーズニングについては、理由を説明する部分がていねいに、かつ詳しく書かれ、途中に飛躍がなければＯＫです。

余分なものを書かないことも大切です。

ポイント 「理詰めに書く」とは、「抽象的なことだけを書く」という意味ではない。「理由説明をていねいにかつ詳しく、途中に飛躍なしに書く」とだいたい同じ

飛躍にはとくに注意せよ

飛躍があってはならない――これは、文章に論理性を出すためです。

飛躍が起こる理由

飛躍は、説明不足によって起こります。そして、説明不足は主に次の２つの理由で起こります。

・書き手の不注意
・書き手の「説明不要の思い込み」

自明部分を省略するな

「書かれていない部分」を、読み手が補って読まなければいけない文章を書いてはいけません。省略されている部分に飛躍が生まれるからです。「自明ゆえの省略」は極力なくしましょう。

論理性を出すために目指すべきこと

読み手をナルホドと納得させる

① はっきりわかる文章を書くこと［そのために、わかりやすい構成と表現（後出）が必要です。］

② 支える部分がしっかり「核」を支えている文章を書くこと［「ボディーの部分が『核』を支えている」と読み手を納得させることを目指しましょう。］

体験を述べる作文の「核」がAなら、読み手が「なるほど。これなら書き手がAと思ったのは当然だ」と思うような内容を、また論文で「核」がBなら、読み手が「なるほど。これなら書き手がBと主張するのは当然だ」と思うような内容をボディーに書きましょう。

支え方で肝心な点は、「結論を支えるために、どれほど頑丈な支柱群を示せるか」です。ここで大切なのは説明能力です。支柱を羅列するだけではだめで、支柱の論理的な提示が大切です。そのために必要なのは、文と文の関係を示す接続詞です。

論文をわかりやすくするために、文と文の関係を接続詞で表わしましょう。「関係は読めばわかるから、接続詞は省略してもいいだろう」ではだめです。

支え方の指針

文字制限が１０００字とか１５００字程度の「極端に短い文章」に書けることはごくわずかです。イントロダクションや結論の部分に使う文字量は極力少なくして、支える部分をていねいに、かつ慎重に、可能なかぎり克明に書きましょう。

支える形式

「主張」を「意見」で支え、意見を支える具体的なものを書きましょう。

たとえば、主張（核）が「インターネットの日を設けよう」なら、意見は「インターネットは世界に貢献したから」くらいになりますね。したがって、どう貢献したかを具体的にいろいろ書いてその意見を支えるのです。

意見を支える具体的なもの——それはあなた自身の体験や、知識です。したがって、あなたには体験や知識が豊富になければなりません（少なくとも書こうとしている話題に関わるものが）。

個人的な体験を述べるときの注意点

・テーマを強引に自分の体験につなげるな

自分の体験を述べることはよいことですが、無理やり体験を述べようとしてはいけません。テーマを強引に自分の体験につなげると、悪い論文になります（論理的な関連が変になりますから）。「何がなんでも自分の体験話にもってゆけ」は間違いです。

体験を書くのが有効なのは、体験を書くことが適切である場合だけです。そして、体験を書くことが適切であるのは、「その体験を書くことで何を述べようとしているのか」（その体験が何を意味するのか）の部分が「核」を直接支える場合だけです。

・体験をすべて語り尽くそうとするな

その体験があなたにとって貴重な場合よくあることですが、それについてあれこれ書きすぎてしまうことがあります――これではだめです。「その体験を語ることで、何を述べたいのか」――ここから離れず体験を語るのが大切です。肝心な点と関係のない部分は、削り落とさねばなりません。

支えるために書く内容と主張の支え方

・よく知っていることを書け（これについては第４章で説明します）

――あなたの個人的な体験は、誰よりもあなたがよく知っています。したがって、体験は「よく知っていることを書く」という意味で大いに有効です。

・豊富な知識と自分自身の意見を持て

あまり知らないことを、よく知っているかのように書いてはなりません。したがって、あなたには豊富な知識が必要です。日々、知識を収集しましょう。

《収集するだけでなく、さらに、日頃いろいろなことに関して考えて「あなた自身の意見」を確認しておきましょう。試験会場で小論文を書く場合など、それまで考えたこともない事柄に関する「自分自身の意見」をその場で形作るのはなかなか難しいからです。――ただし、自分の意見に固執してはなりません。その意見は日々変わってよいのです。》

「主張」を、具体的なものを書くことで直接支えようとしてはなりません（「主張」を「意見」で支え、具体的なもので意見を支える形でなければなりません）。

体験を語る人がしがちな間違いがこれです。体験を詳しく書いた後、いきなり結論に飛ぶのです。これではだめで、あなたは「その体験を書くことで何を述べようとしているのか」（その体験が何を意味するのかの部分）を必ず明言せねばなりません。それがないと文章は飛躍していることになり、その文章の論理性は損なわれます。

文章を書く練習

よい「論文」を書くためには、練習が必要です。あなたは練習をせねばなりません。

さて、その際の注意点ですが――練習では「である」を使うのを避けましょう。「である」を使うと、それだけで立派なことを書いたような錯覚にとらわれ、説明不十分なのに十分説明したと誤解しやすいからです。日頃の練習では、ふつうの「しゃべり口調」で文章を書きましょう。しゃべり口調で書くと、「核」をしっかり支えていない場合には、そうであることが簡単にわかるので、「しっかり支えた文章」に対する目を養うからです。

「わかりやすい文章を書く」練習としては、友人に向けて述べているかのように（あるいは、友人に手紙を書いているかのように）、思ったままの意見を書くと、よい練習になります。友人に向けてわけのわからない文章を書く人はあまりいないはずですから。

友人に向けて述べるような形で思ったままの意見を書いて、フォーマルな表現に書き換えると、意味の伝わりやすいよい文章になりますが、練習ではフォーマルな文章に書き換える必要はありません。

よくある（論理色を損なう）間違い

論文あるいは作文を書く際、よく使ってしまいがちな間違いについて以下に６つ示しましょう。

証明を回避する（支えるものを示さない）のはだめ

支えるものがなかったら、論理がなくなります（論理色が損なわれる以前の問題です）。だから、証明を回避する（支えるものを示さない）のはだめです。

たとえば、「たしかに〜」は、だめです。「たしかに〜である」——これは「〜である。なぜそうなのかは述べない。たしかにそうだからであり、その説明の必要はないからである」の意味で、説明抜きですまそうとする態度であって、正しい論じ方ではありません。

つまり、たとえば、「たしかに歴史の授業はつまらない。したがって云々」と書くと、「たしかに」の部分にごまかそうとしている感じが出てしまってだめなのです。もしも「歴史の授業がつまらないことは証明不要」と思うのなら——そう思う人はあまりいないでしょうが――単に「歴史の授業はつまらない。したがって云々」と書くべきですし、証明が必要と思うのなら、歴史の授業がつまらない理由を挙げるべきなのです。

［「たしかに～である。しかし～」のような、否定する前に一旦認めておくための「たしかに」については197ページを参照。］

要望で「支える代わり」とするのはだめ

支えるものには、読み手を納得させる力がなければなりません。要望で「支える代わり」としてはいけません。

通常、「論文」中に要望を書く人は、要望のみを書きます（その要望の中に、主張が隠れていますし、それを支えるものを書きません）。たとえば、「～を考えてほしかった」や、「＊＊してほしいものである」はだめです。「～を考えてほしかった」の場合、言外に、「考えていれば、あなたは＊＊をしなかっただろう」があり、さらに主張＝「あなたは＊＊するべきではない」が隠れています。「＊＊してほしいものである」の場合は、言外に「＊＊するべきである」があります。このように述べる人はふつう、「なぜ～を考えてほしかったのか」、「なぜ～するべきであるのか」の理由を書きません（要望で支える代わりとする、とはそういう意味です）。だからだめなのです。

ちなみに、要望を主張の代わりとするのもだめです。要望では「議論」はできないからです。たとえば、討論の際に誰もが要望を述べていたら、議論はまったく進みません。要望は、主張の代わりにはなれないのです。

気持ちで支えようとするのはだめ

これについては前章で少し書きましたが、さらに説明を加えましょう。

例「私はトマトが嫌いだ。（だから）私たちはトマトを食べるべきではない」

例「私は紅茶にミルクを入れて飲むのが好きだ。（だから）私たちは紅茶にミルクを入れて飲むべきだ」

例「私はデルヴォー[注]の絵が好きだ。（だから）デルヴォーは世界でもっとも優れた画家である」

（注）シュールレアリスムの代表的な画家（ベルギー）

これらの例で「『私の気持ち』の部分が、主張をしっかり支えている」と思う人はほとんどいないでしょう（し、それ以前の問題として、「『だから』の部分の使い方が変。ここに『だから』を使うのは間違い」と多くの人は思ったことでしょう）。主張する人の気持ちには、主張を支える力はないからです。

気持ちで支える試みの典型は、「嫌いだから」「好きだから」で支えようとすることです――

これを日本人はよく行ないます。ただし、前の3つの例のような形ではなく、さらに改悪した形で書くのです。これがどういうことかを例で説明します。

例「私は暗記中心の授業が嫌いです。だから暗記中心の授業を廃止すべきです」

これではだめなことはわかりますね。
この中の主張を要望に代えると（つまり、すでに悪い例文をさらに改悪すると）、次のようになります。

「私は暗記中心の授業が嫌いです。暗記中心の授業をなんとかしてほしいものです」

これでは前の文よりもさらに悪くなっています（でも、多くの人は、この文が悪い文であることが理解できないかもしれません。このタイプの文章は日本のいたるところに転がっていて、見慣れているからです）。
日本人がよく行なう「嫌いだから」「好きだから」で支えようとすること（前ページの3つの例のような形ではなく、さらに改悪した形で）――とはこれを指します。
次の例（前章にある例とほとんど同じ）の意味は、もうあなたにはわかることでしょう。

例「私はこの公園の静かな雰囲気が好きだ。この公園では誰も騒がないでほしい」

この文章の意味は、次のとおりです。

「私はこの公園の静かな雰囲気が好きだ。ゆえに、私の願いを満たすために、この公園では誰も騒ぐべきではない」

気持ちで支えようとすると、主張は「自己中心的な主張」になるのです。気持ちで支えようとするのは間違いなのは、それゆえです。

表現の1つのタイプとして「気持ちを書いた後に、即、主張」の書き方を、日本人はよくします。これは、幼いころから作文で「私の気持ち」を書き続けているからで、「私の気持ち」を書かずにはいられなくなっているからです。それで、あなたもこのタイプの文章――「気持ちを書いた後に、即、主張」――をふんだんに書いていることでしょう。

論文を書くときには、このタイプの文章を書かないよう十分注意せねばなりません。主張する人の気持ちには、主張を支える力はないのです――このことを忘れずに。

「ラベル語」で支えようとするのはだめ

ラベル語とは、その語のネガティヴな力（あるいはポジティヴな力）に頼るために使われる語です。たとえば「Aは奴隷根性である。われわれは△△せねばならない」の中の奴隷根性がラベル語です。ここではAが悪い理由は書かれていませんし、Aを奴隷根性と呼ぶ理由も書かれていなくて単に、多くの人が「奴隷根性は悪い」という思いにつられて「Aは悪い」と同意することが狙われています。これではAが悪いことを示したことにはなりません。

また、次の文章の中の「事大主義」もラベル語です。

「古典や世評の高いものだけを読むべきだと考えたりするのは事大主義である。現存している古典がすべて優れているとはかぎらないし、われわれは古典をはじめすべての文化遺産にかかわることは不可能なのである」――α

これでは「古典や世評の高いものだけを読むべきだ」という意見が間違いである理由を示したことになっていません。

【問題1】

数行前のαの文章には、論理間違いがあります。それが何か説明してください。

【答え】

「古典や世評の高いものだけを読むべきだ」という主張の根拠は、「古典や世評の高いものの中のみに優れた作品がある」、あるいは「優れた作品のほとんどは古典や世評の高いものの中にある」でしょう。したがって、それに対して論理的に正しく反論するためには、「古典や世評の高いもの以外にも優れた作品がある（多い）」と述べねばなりません。したがって「現存している古典がすべて優れているとはかぎらない」では反論になっていません。また「古典をはじめとするすべての文化遺産に関わることは不可能」はまったく関係のない話で、意味不明です（「すべてに関われないから、いっさいやめよ」の意？）。

余分なものを書くのはだめ

「考えたこと（思いついたこと）」をすべて網羅したい気持ちを捨てましょう。「核と、それを支えるもの」以外のものを書くと、文章の一貫性が損なわれるため論文は悪い出来になるからです。

意味不明の表現を使うのはだめ

論ずる文章では、意味不明の表現を使ってはなりません。意味不明の表現を使うと、それだけで、読み手は「伝えたいことを正確に伝えようとする配慮に欠けている（あるいは伝える意志がない）」とか、「伝えたいことがないことを意味不明の表現を使うことでごまかしている」と判断することになるからです。

例を挙げましょう。

例「読書に関するフェティシズムから自由になることが大事だ」

例「駐車場は現実的には空虚であっても、可能的には充満している空間として扱われる」

「これらの例を見て、吹き出してしまった人は多いでしょう。そういう人には説明は不要ですね。」

このタイプの表現は、「いわゆる論文調」の文章中によく見られます。このタイプの文章の書き手は、立派なことを書いているような錯覚にとらわれています(自分が立派であるかのような気分に酔っています)。同様に酔っている読み手は、意味がわかったような錯覚に陥ることができますが、そうでない人には意味はまったくわかりません。このような表現を使ってはなりません。

内容が乏しいことを隠すためにわかりづらい表現や言いまわしを使うなどして、読み手が意味を正確に理解できないように書く人――結構いますね。こういう人の書く文章は駄作です。読み手が意味を正確に理解できない文章は、すべて駄作だからです。

わかりやすい文章とは

あなたは、わかりやすい文章を書かねばなりません。わかりにくい文章では、「核」を支えるはずのものが「核」をしっかり支えることはないからです。

わかりやすい文章を書くコツ

「何が肝心な点か、わかるように書け」――文章の構成も、１つひとつの文も。これは次のようにも言い換えられます。

文章をわかりやすくするためには、構成と表現に注意しなければなりません。

構成の点で目指すべきこと

わかりやすさのための重要点――肝心な点を先に述べよ。そのために、

・第１パラグラフでは、文章の概要（骨格）を見せよ（これについては次ページから説明します）

・冒頭の文は全貌を見せよ（これについては123ページから説明します）

大意要約が必要な文章を書いてはならない

では、どうする？

あなたは大意要約（概要）そのものを文章中に書かねばなりません。それを第1パラグラフに置くのです。

《「肝心なことを書くのを後まわしにした文章」は、「書き手は肝心な点が何かわからないまま文章を書き始めている」と見える場合が多いものです。そう見えたら、文章の論理性は著しく損なわれてしまいます。》

いきなり詳しい話を始めてはなりません。「これから書こうとしていることを、短い文で表現するとどうなるか」をまず書き、その後それについて詳しく説明する形をとりましょう。その形式が読み手にわかりやすくてよいからです。いきなり詳しい話を書く形では、文章はわかりにくくなります。

「何を述べようとしているか」を必ず先に書け

たとえば、例を挙げる場合でも、例をいきなり詳しく書き始めるのはだめです。

「何の目的のために例を挙げるのか」の理由を先に書き、その後で例を書き始めるようにしましょう。

論理の標識を省くな

論理の標識とは、論理構造を伝えるために使う語句です（論理の標識はいろいろあります。たとえば、「なぜなら」「したがって」「第1に……第2に……」「さらに」「一方」などなど）。これらを省いてはなりません。

論理構造がある場合とない場合の違いを見てみましょう。

「Aである。Bである」

この文章でAとBのうちの一方が根拠であるとします。あなたにはどちらが根拠かわかりますか？　わかるはずはありませんね。

「Aである。なぜならBであるから」――この場合はどうでしょう？

Bが根拠であることはわかりますね。

論理の標識がない場合は、文の内容（AとBの部分の意味）を理解した後に、読み手がある程度の推測をしなければ論理構造がわからないのです（さらに、ＡとＢの部分を理解した後でも論理構造がわからない場合も出てきます）。

論理の標識を省くと、「読み手にわかりやすく伝えよう」という意志や配慮に欠けた文章になります。論理の標識を省いてはなりません。

【問題２】

次の「２つの文からなる文章」には、欠陥があります。それは何でしょう？

黒いドレスが似合うのはミステリアスな女性だけです。私は黒いドレスが似合うようになりたい。

【答え】

それは「２つの文の関連を示すものがない」という点です。この文章で、２つの文は別のことを述べています。したがって、２つの文の関連を示すものがなければなりません。

つまり、次のカッコに入れるべき表現がなければなりません。

黒いドレスが似合うのはミステリアスな女性だけです。（　）私は黒いドレスが似合うようになりたい。

多くの人は「このカッコには『だから』が入る」と思うでしょう。さらに、「『だから』が入るのは自明だから、『だから』は入れなくてもいい」とも思うかもしれません。

でも、カッコに入るのは「にもかかわらず」の可能性もありますね（書き手が「ミステリアスな女性」に対してネガティヴな見方をしているなら、そうでしょう）。

省略されたものが、「だから」なのか「にもかかわらず」なのか、ほかのものなのかは、書き手にしかわかりません。したがって、書き手はその部分を書かねばならないのです。

このタイプの文章の書き方――「書かれていないものが『だから』であることは自明だから、『だから』は入れなくてもいい」と考えて、それを書かない道を選ぶような書き方――は、論文の書き方としては間違いです。論文を書く場合は、「すべて語り尽くす」という基本姿勢を保たねばなりません。「書き手が書かなかったことが、どの読み手にも正確に伝わる」ということはありえないからです。

《自明部分を省略するのは日本語の特色の1つなので、接続詞を使いすぎると文章が「書き慣れた人の文章」に見えなくなる面があります。だから、接続詞の使用に強い抵抗を感じる人もいるでしょう。でもこれは単に慣れの問題です。文章を書く練習をする際に欠かさず接続詞を使っていれば、ほどなく抵抗はなくなるでしょう。》

【問題3】

先ほどの文に「だから」を入れると、次のようになります。

黒いドレスが似合うのはミステリアスな女性だけです。だから私は黒いドレスが似合うようになりたい。

さて、これでもまだ欠点があります。それは何でしょう？

【答え】

「私はミステリアスな女性になりたい」が抜けている点です。

(「黒いドレスが似合うのはミステリアスな女性だけです。私はミステリアスな女性になりたいわけではありません。だから私は黒いドレスが似合うようになりたい」と書いたらめちゃくちゃなので、「私はミステリアスな女性になりたい」が抜けていることは読み手にとって自明でしょう。つまり、これを省略したのは「読み手にとって自明」と書き手が判断したからなのです（ただし、書き手にとっては「省略」でも、読み手には「欠落」です)。

なお、この欠落ゆえに大きな問題が生じています。それは、この欠落部分を読み手が補って読まなければならないため、文章に飛躍が生まれている点です。――文章中の飛躍は極力なくしましょう。

冒頭の文の書き方

全貌を見せよ

論ずる文章では、冒頭の文（最初のセンテンス、場合によっては最初の２つか３つのセンテンス）は全貌を見せるもの（全貌についての印象を与えるもの、何に関して書いた文章であるかを示すもの）でなければなりません。読み手は冒頭の文を読み、文章全体について、どんなものであるかの予想をします。その文章が何に関してのものであるかは、初めに読み手が持った予想どおりのものでなければなりません――そうなるように、あなたは冒頭の文と残りの文章を書かねばならないのです。

これは、「文章のわかりやすさ」の点で非常に重要です。文章がわかりやすくなるのは、冒頭の文が全貌を見せるものであると、文章に**一貫性**が生まれるからです。

芸術作品ですら、概論を述べるような書き出しをする場合には、やはり、これを守らねばなりません。また、「ドラマティックなシーンで始まる小説では、そのシーンの中心人物は、全編の主人公でなければならない」という点も冒頭の文の書き方と基本的には同じです。そのシーンの中心人物が全編の主人公でないと、ちぐはぐな感じの小説になります――やはり一貫性の問題なのです。

冒頭の文のあるべき姿

冒頭の文のあるべき姿はどんなものか、以下の例で考えてみましょう。

例「私は大学2年の夏休みに、友人と海外旅行をした」

これが、何かの文章の冒頭だったとしましょう。これはよい書き出しですか？

いいえ、違います。これではだめです。この冒頭からは、「海外旅行先のことをこの文章では書こうとしているんだろう」と予想がつくだけです。肝心な点――「そのときの出来事を書くことで伝えようとしているもの」が何に関してのことかが見えないので、どんな文章の冒頭としても不適切です。

例「大学2年の夏休みに私はイタリアに行き、そこで引ったくりにあったことは、私にとってよい経験になった」

これはどうでしょう？

「被害にあったことがなぜよい経験と言えるのか」を説明するために、以下でそのときのことが語られることを示していて、よい冒頭です。この冒頭を読んだ後、読み手は、「はたして本当によい経験と言えるかどうかの判断（批判）」に思考を集中させることができるからです。

［注意：この例文を分割して複数の文章にしてしまうと（たとえば「大学2年の夏休みに私はイタリアに行った。私はそこで引ったくりにあった。それは、私にとってよい経験になった」にすると）、話は変わってしまいます。冒頭の文――「大学2年の夏休みに私はイタリアに行った。」が、読み手にこの後どのようなことが書かれるか（これを展望と言います）がわからない、悪い書き出しとなるからです。］

例「もっとも尊敬する人として私たちが選ぶ人はさまざまである。ある人々はスポーツ選手を選び、またある人々は芸術家を選ぶ」

「尊敬する人の選び方」に関する人々の傾向について、これから詳しく書こうとしているかのような冒頭です。したがって、もし、それを書こうとしているのなら適切です。

ただし、もし「私がもっとも尊敬する人」の冒頭としてこれを置いているのなら、間違った展望を読み手に与えるので冒頭としては不適切です。

例（「私がもっとも尊敬する人」の冒頭として）
「その人の外見には、ふつうでないところは何もない。他の人々から抜きん出ているところはないように思う」

「その人のどこが書き手を引きつけているのか」の点に読み手の関心を向けさせていて（これからそれが詳しく書かれることを示していて）よい。

例「『あなたの生きがいは何か』と聞かれたとき、はっきり答えられる若者はほとんどいないだろう」

若者たちの意識の全般的な傾向を論ずる文章を書こうとしているかのような冒頭です。したがって、もしもそれを書こうとしているのなら適切です。
もしも「私の生きがい」を論ずる文章の冒頭としてこれを置いているのなら、間違った展望を読み手に与えるので、冒頭としては不適切です。間違いの原因は、冒頭の文の主語を「若

者」にしている点です。

例「大学にこれから入ろうとしている者として、私は自分の未来への準備を始めなければならない。私はどんな人になりたいか、どんな職業を選ぶかを決めねばならない」

これを読んで、この冒頭で始まる文章が何について書かれているかを想像できる人はほとんどいないでしょう（わかるのは、この書き手が自分の未来への準備を始めていないことと、どんな人になりたいか、どんな職業を選ぶかを決めていないことなので、「私は無能だ」と告白する文章なのかな、と想像できるくらいかも）。したがって、この文章はどんな文章の冒頭としても不適切です。

例「現代になって、科学技術の進歩はますます加速度を高め、高度な物質文明を進めている」

これから「科学技術」を論じようとしているのなら、その点を示している点ではよい冒頭です。

［ただし、話が広すぎ、極端に漠然としている点（知識を何も持たない人が書くタイプの漠然とした話である点）はよくありません。］

例「最近、私には気になっていることがある。それは電車内での会社員のマナーの悪さである」

「電車内での会社員のマナーの悪さ」に関して、以下で詳しく述べることを示している点はよい冒頭です。

ただし、論理的な面で問題があります。電車内で会社員のマナーが悪いか否かと、書き手が気になっているか否かとは無関係です（書き手が気になっているということは、ここでの主張――「電車内で会社員のマナーが悪い」の正しさを何も支えません）。それゆえ「気になっている」か否かを書くのは余分なのでだめで、その余分な部分を冒頭のセンテンスとするのはさらにだめです（文章から論理色が消えてしまいますから）。

［改善の方法］

単に余分な部分を消せばいいのです。つまり、冒頭は「電車内での会社員のマナーが悪い」だけにするべきで、それを自分の好みの表現で、その文章で何を述べようとしているかに応じて述べればいいのです。たとえば、

「日本人のマナーには改善すべき点がいろいろある。そのうちの1つは電車内での会社員のマナーである」（これは、他の点にも触れる場合です）

といった具合です。

構成に関する注意――逆接の接続詞に要注意！

「が」「しかし」をたくさん使って続く文章を書くな

ただし、これは「逆接の接続詞」を省け、の意味ではありません。

短絡的な見方をしていないことを示したいために多面的な文章を書く――そのための手段として「が…、が…」と延々続いてゆく文章を書く――のはだめです。その形式の文章は、読み手に対する配慮が欠けた文章だからです。

肝心な点を理解してから書け

こういう文章は、「伝えたい肝心な点が何か」を書き手がよくわからないまま書いている場合（あるいは、わかりやすく伝えようとする努力をしない場合）に生まれます。

まず、肝心な点を（書き手自身が）理解しましょう。そして、次にそれがわかりやすく伝わるような内容の文章を書きましょう。そうすれば、「が」「しかし」で続いてゆく文章ではなくなります。

【問題4】

Aは正しいか否かを論じる際に、「たしかにAには正しくない面がある。しかし、基本的にはAは正しい」と書くのは、よい書き方ではありません。

なぜでしょう?

【答え】

① 大事な点を述べることが、後まわしになっています(要点を先に述べよ――覚えていますか?)。

「正しくない面がある」を先に述べると、その面を強調する効果が生まれてしまいます。後で「正しい」と述べてあっても、これでは読み手は「本当に正しいのかな、怪しいな」と思うことになります。「正しい」と述べるつもりなら、それを先に述べることが大切です。

②「たしかに」を使っています。

「たしかに」はだめです。たしかかどうか示すことなく、いきなり「たしかに」と書くのは非論理的な人の書き方です。

「たしかに」がない社説・コラムは少ないため――つまり、「たしかに」は多用されているため――この語を無意識に使いやすいので注意しましょう。

論理性に影響する表現

表現は、正確に、厳密に

――これは論理性のためでもあり、文章のわかりやすさのためでもあり、説得力（次章で詳しく説明します）のためでもあります。

テストに小論文が出題されるのは、説明・伝達能力を試すためです。この場合の小論文は、あなたの「考え」を、読み手にわかりやすく、正確に伝える能力を示す競技として出題されたと考えなければなりません。「結論としての主張（核）」のよさを競い合うのが目的ではありません。だから、正確に書けないのならまったくだめなのです。

そして、正確さが大切なのは競技論文でない論文であっても同じです。ですから、次の点が重要です。

・意味を明確に
・あやふやなところを残すな
・誤解を与える余地を残さぬように書け

☆正確に伝えるために、表現には細心の注意をはらえ

「細心の注意をはらう」とはどういうことなのか、例を1つ挙げましょう。

例「思い出に残る3日間だった」

「思い出に残る」とはどういう意味でしょう？　「私の思い出に残り続けるだろう」の意？　それとも「いま私の思い出に残っている」の意味でしょうか？　はっきりわかりませんね。

――と、ここまで考えるのは考えすぎですが、これほど細かいところまで注意をはらう態度が必要です。

☆出題も正確な表現でなければならない

「意味を明確に、はっきりわかるように書かねばならない」ということを学校で生徒は教わらないし、国語の問題の出題者にもその意識がありません。また、不正確な表現は、論文の書き手ばかりか出題者によっても使われます。たとえば、次の例のような（何を答えたらよいかが明確でない）出題はよく見かけられます。

例1「次の資料を通して＊＊のあり方について述べなさい」

この「通して」がどういう意味か、あなたにはわかりますか？（私にはわかり

ません)

たとえば、これが「次の資料を参考にして、資料に言及しながら＊＊のあり方について述べなさい」の意味のつもりなら、出題者はそのように書かねばなりません(「参考にして」の部分をもっと具体的に書ければ、さらによくなります)。

例2「日本人は島国根性を持っている」と言われるが、このことについてあなたの意見を述べよ。

この出題は、正確にはたとえば次のように書かねばなりません。

「日本人は島国根性を持っている」

あなたはこの意見に賛成ですか、反対ですか?

理由と例を挙げて答えなさい。

[例2では「言われる」の部分が不要です。言われているか否かは、質問とは何も関係がないからです(出題者には、「『日本人は島国根性を持っている』とよく言われているので、ここでそれに関して出題するのですが……」という意識があって、それで不用意に「言われる」の語を使ってしまっているのです)。」

呼応を正しく

呼応の間違いとは、次のようなものを指します。

例　Aは正しい。が、Bは好ましくない。

――これは「Aは正しい。が、Bは正しくない」、あるいは「Aは好ましい。が、Bは好ましくない」などとせねばなりません。

呼応の間違いは、幼稚なタイプの間違いです。だからこの間違いをすると、文章の論理性はまったく損なわれてしまいます。呼応の間違いを絶対にしないよう注意しましょう。

【問題5】

次の文章は、呼応が正確ではありません。どのように書かねばならないのでしょう？

わが社の現状は、1つは＊＊が高まるなど、全体として＊＊の高付加価値率が進んで見えるが、品種構成の高級化では依然、他社に比べると低水準であるし、もう1つ製品構成で見ると、＊＊地域4社のうち＊＊部門では＊＊3社に比べて一歩先んじていると思われるものの、他の大手＊＊メーカーと比較すると、歴史も浅く、売上、収益面とも問題を残している。

【答え】

これは問題点を伝える文章ですから、何が問題であって、何は問題でないかを正確に書かねばなりません。

正確な書き方は、たとえば「ＡＢＣの点から見るとＣに問題がある。Ａは＊＊で、これには問題はない。Ｂは＊＊で、これにも問題はない。Ｃは＊＊で、これには問題がある」で、このように書けば、読み手に意味がはっきり伝わります。

この文章のように「〜は進んで見える。〜は低水準である。〜と思われる。〜は問題を残している」と、まったくちぐはぐな書き方をしてはいけません。

この文章中で、「＊＊の高付加価値率が進んで見える」はどういう意味でしょう？「進んで見えるから問題はない」の意味でしょうか？　何に問題がないのでしょう？　これらがわかりません。

また「歴史が浅い」とは、どういう意味でしょう？　「だから問題」という意味でしょうか？それとも、問題か否かとは何も関係ない記述なのでしょうか？　その点もはっきりわかりません。［もしも関係がないのなら、それを書いてはなりません――余分なものを書くのはだめ（１１５ページを参照）です。］

意見と事実を混ぜるな

意見と事実を混ぜて書くべきでない理由は、意見と事実を混ぜた文では、事実中に意見がありながら、その意見である理由を書かずじまいになってしまうからです。例を挙げて、これがどういうことなのかを説明しましょう。

例「『レトリックは、言葉巧みに人をたぶらかす術である』という困った考え方がある」

これは「『レトリックは言葉巧みに人をたぶらかす術である』という考え方がある。これは困った考え方である」（1つ目のセンテンスは事実、2つ目は意見）を1つの文にしたものです。

「『レトリックは言葉巧みに人をたぶらかす術である』という困った考え方がある」ではなぜだめなのかと言うと、これでは「なぜ困ったことなのか」の説明がないからです。

高圧的、威圧的な表現を使うな

高圧的な表現・威圧的な表現を使うのは、「証明なしですまそう」という態度なのでよくありません。

ですから、「〜はもってのほかである」、「〜などとは論外である」などを使わないようにしましょう。

副詞や副詞句による強調には注意する

副詞や副詞句を使って強調しようとすると、論理性を損なうことがあるので注意しましょう。

「信じられないくらい」「驚いたことに」――これらはいずれも、書き手に理詰めに書く姿勢が欠けていることを示すことになります（これらを書く人は通常、なぜ信じられないのか、なぜ驚いたことなのかを詳しく説明しないので）。要注意！

硬く大げさな表現をするな。力むな

論文を書く際、条件反射で「硬く、大げさな表現」をする人が多いですね（たとえば、「まさにわれわれは人工の文明の中に生きている」とか、「原始人や未開人の場合にこそ芸術はその本性を示して直接的な根源的な……」といった具合に書く人がたくさんいます）。論文に必要なパワーは、「説得力」（次章を参照）のパワーです。語調や語のパワーではありません。

大げさな表現や、難しそうな表現はだめです。そのような表現を使うと、説得力のなさを語調や語で補おうとしているように見えるので、文章の説得力は逆に弱まります。

例「（AはB）としか思えない」

これでは、力んでいるのでだめです。［さらにこの書き方は、論理的にも間違っています。肝心な点は（AがBであるか否かであり）、「思えるか思えないか」の点ではないからです。］

疑問文を使うな

疑問文は、主張逃れをするための手段として日本人に多用されています。主張部分を疑問文に代えると主張ではなくなるので、あなたの書いた文章は「論文」ではなくなります（これは論理性以前の問題です）。主張部分を疑問文にしてはなりません。

疑問形にするのは、支えるものの貧弱さを隠す試みです（でも、それをしても隠せはしません が）。主張を疑問形にせず、率直に主張し、支えるものを十分書きましょう。

日本人の典型的な論じ方は、「支えるものの貧弱さを隠す」スタイルをとります。内容は「思っていることをただ並べているだけ」で、ポイントが何かを書き手自身が理解していません。

何を伝えようとしているかを自分で理解し、それを伝えることに専念しなければなりません。

支え方のコツ

「核」を支える部分を書く際は、「読み手が判断するための資料をいま提出している」と考えましょう。支える部分を読んで、読み手があなたと同じ意見に達するのなら、支える部分は上手に書けたことになります。

ちなみに、支える部分を書かずとも読み手の多くがすでにあなたと同じ意見なら、その意見は書くに値するものではありません（これについては、オリジナリティーの示し方として第５章で説明します）。

章末問題

【問題１】

「気持ちで支えようとするのはだめ」ですが、「どう感じたか」を書くのが適切な場合はあります。

「どう感じたか」を書くのが適切なのはどんなときで、不適切なのはどんなとき？

【答え】

「どう感じたか」を書くことが最終目的である場合は適切です。

そうでない場合は不適切です。たとえば、「どう感じたか」で主張を支えようとする場合です（これはよく見かけられます）。

【問題2】

「現在われわれが直面している問題の多くは、近代科学の基礎にある近代合理主義の特性と、その限界からきているように思われる」

この次のパラグラフでは何を述べるべきでしょう？

【答え】

直面している問題の詳細。

——さらに、それを述べた後で、「近代科学の基礎にある近代合理主義の特性と、その限界」とは何か（なぜ限界なのか、とか近代合理主義がなぜ近代科学の基礎にあるのか、などの理由や近代合理主義とは何かの定義など）について、詳しい説明が必要です。

【問題３】　次の文章は論理的？

「現在われわれが直面している問題の多くは、近代科学の基礎にある。近代合理主義の特性と、その限界からきているように思われる。

近代科学の不変主義は人間の自然に対する力を著しく強めたことは事実である。しかし……（以下略）。」

【答え】

論理的ではありません。

第１パラグラフと第２パラグラフの間に大きな飛躍があり――と言うよりも２つの関係が示されていなくて――文章の論理性がすっかり損なわれています。

【問題４】

「～ではあるが、そういう解釈につられてレトリックの意義を見落としてしまうわけにはいかない」

このように文を書いたら、この次に書くべきことは何？

【答え】

レトリックの意義を見落としてしまうわけにはいかない理由です。

――これを書かずに、次にレトリックの意義を並べたら（「レトリックの意義を見落としてしまうわけにはいかない理由」がないゆえに、文章に飛躍があることになり）文章は論理的に変な文章になります。

【問題5】

「私は自分を情報ネットワークの端末機にしたくはない」

この文は、書き手が「カッコつけているために」不正確な表現になっています。なぜ不正確なのでしょう？

【答え】

なりたくても情報ネットワークの端末機に「私は」なれないからです。

――「これは文学的な表現なんだよ。それくらいのことがわからないの？」とあなたは思いましたか？　そう思った人は第1章を読み直してください――論文は芸術作品ではありません。

《補足》

文学的な表現を使うことが悪いのではありません。使ってもいいのです――使った後に、その表現の意味について説明があればいいのです。たとえば、「私はコンピューターの奴隷にはなりたくない」と書くだけではだめですが、次のように書くのはいいのです。

「私はコンピューターの奴隷にはなりたくない。日々、新システムの設計やデータ更新に追われ、システムがダウンしたときにはすべてを犠牲にして復旧に務める生活をおくることを、私は望まない」

【問題6】

「現代は巨大な消費社会である」

この文の欠陥は何？

【答え】

意味不明な点です（「現代はA社会である」とはどういう意味？「巨大な消費社会」とは何でしょう?）。

このタイプの書き方は、「書き手が気分に酔って文を書いていること、書き手のボキャブラリーの貧困さ、説明能力の欠如」などを読み手に伝えるだけで、書き手が書こうとしていることを正確に読み手に伝えません。

【質問】（これは問題ではなく、質問です）

「抽象論に終わったが、～するべき時期に人類はきている。この本質への問いかけに解答を示すことこそ現代の青年の役割と使命であると私は考える」

この文章は「私の書いた文章は抽象的な話のみであって、まったくダメ」と言っているようなものです。この文章を読んで、ここまで本書を読み進めたあなたはどう思いましたか？

この文章を読んであなたが思ったことは、次のようなものかもしれませんね。

「あんたが何を言いたいかをはっきり示すことこそ、あんたの役割と使命でしょ。そんなんじゃ青年に何も伝わらないよ。『抽象論に終わったが』なんて言うくらいなら、もっとわかりやすく説明しようと努力しなさい」

第4章
説得力を高める

論文には、説得「力」というパワーが必要です。そのパワーを獲得するために、論理的な提示をし、スペシフィックに述べましょう。

説得力

「論文に説得力がある」とは、「書き手が、『核』を支えるつもりで書いたもの」が、読み手に「『核』を支えている」と見えることです（「核」を支えているように見えないなら、その論文には説得力はないのです）。たとえば、97ページの『親友』の例なら、読み手に「なるほど。**こういう理由なら＊＊**を親友と考えるのは当然だな」と考えさせることができれば、その論文には説得力があるわけです。

説得力を高めるために必要な要素

・論理的であること
・わかりやすいこと――わかりにくい論文には説得力がありません。説得力のために、わかりやすく書きましょう。
・スペシフィック（154ページで説明します）であること
・詳しく正確であること――説明は克明に、表現は可能なかぎり「正確に、厳密に」

詳しく書く

詳しく書くことの重要性については、これまでに何度も書きましたから、もはやこれ以上繰り返す必要はないでしょう。

詳しく書く目的は、作文・論文をわかりやすく書くためと、説得力を高めるためです（詳しい描写は文章にリアリティを与え、余分な部分のない詳しい説明は、文章に強い論理性を与えるからです）。

「詳しく書きすぎたら、説明過多になって、かえってわかりにくくなるのではないか？」と、あなたは心配するかもしれませんが、その心配は無用です。詳しい説明の前に、まず概要を述べ、その後で詳しい説明をあなたは書くわけですから、わかりにくい文章になる恐れはありません。

もちろん、概要を書かずにいきなり詳しい説明を始めたら、わけのわからない文章になってしまいますが、あなたはそのようには書きませんから、だいじょうぶです。だいじょうぶですね。

詳しく書いて、わけのわからない文章にしないために守るべき点

・概要（何のことを詳しく書くのかの紹介）を冒頭に必ず書く
・余分なものを詳しく書かない

意味もなく克明に書いてはなりません。克明に書く理由が必要です。つまり、それによって伝えたい「もの」が必要です。

「詳しく書く」というのは、「余分なものをいろいろ書く」ことではありません。大事なことを克明に書き、余分なものは一切（1語も）書いてはなりません。これは短い論文でも長い論文でも同じです。もっとも、短い論文では大事なことを克明に書く余裕はあまりありませんが。

「Aの意義」を書く場合は、
それを詳しく書きましょう。
Aに関しての意義以外のことを
あれこれ書いてはいけません

細部の書き方

読み手にとっての細部

人の関心は細部にあります。細部がなければ、読み手が文章に説得力を感じることはありません。論文のボディー（後出）で細部を書かねばならないのはそのためです。

言葉たらずでは、意味が読み手に間違って伝わる可能性が高くなります。説明は、詳しければ詳しいほどよいのです。

自明だからという理由で、言葉を切り詰めるのはよくありません。文章を書いたあなたに自明でも、読み手に自明とはかぎらないからです。

細部の書き方の練習

友人に手紙を書いているつもりで「何かを論ずる文章」を書くのは、論文を書くよい練習になります（「つもり」でなくて、本当に友人あてに書いてもよいのです）。友人を読者とし

サンプル文例① 友人に向かって書いた練習の文章

私は日本でよく「浮いている」って言われます。これは変な言葉です。なぜなら、これは「集団の中の目立たない一人でいることがいいことである」という日本の価値観を（正確に言えば「浮いてる」って言葉を使う人の価値観を）表わしているからです。これはアメリカとは大違いです。

アメリカでは、転校先で『あなたは他の人とどんな点で異なっているか』というタイトルのessay（小論文・課題作文）を書くことが多いんです。

アメリカでは、他人と異なっているのは美徳なんです。個性尊重とは、そういうことなんです。私たちはアメリカでは、突出していなければなりません。他から抜きん出ていなければなりません。集団の中の目立たない一人であってはならないんです。

「浮いている」ですって？　笑っちゃうわ。

て想定していると、自然に「十分に支え、詳しく説明する文章」になるので、「十分に支え、詳しく説明する」――すなわち論文を書く――練習になるからです。友人に書く手紙では、「誰それが言うように、ふるさとは＊＊である。ふるさとを守ろう」などという、わけのわからない「気持ちだけ論文」の文章を書くのは、まずありえないからです。

よく知っていることを書け（よく知らないことは、詳しく書きえない）

「知らない人が、知らない人に向けて書く文章」を書くな

なぜこのことを書くのかと言うと、コラムの文章に「知らない人が、知らない人に向けて書く文章」がよくあるので、文章の手軽な（簡単に入手できて文字量が少ない）手本としてコラムをよく見る人は、注意しないとそれと同じことをしかねないからです。

「知らない人が、知らない人に向けて書く文章」とは、たとえば、ハイキング先で鉄砲水にあった人々の出来事を書いた文章の最後に、「巨大な自然相手には、畏怖と警戒の心が必要なのだろう」と書くのがそれです。「必要なのだろう」の部分が、よく知らないことを表わしています（自然のパワーや、自然が人間に予想できない行動をすることを知っている人は「必要だ」と書きますし、知っている人はさらに「どう注意すべきか」を具体的に書きます。読む人にとって貴重なのはこの具体的な部分です）。ハイキングの指導をするべきなのは、自然のことをよく知っている人です。よく知っている人の文章に読む価値があります（具体的な指導があるから）。知らない人が、知らない人に向けて「必要なのだろう」と書く文章には価値はありません（知らない人が文章を書くためには、扱う件に関してよく調べて「知っ

ている人」になってから書くべきです――なお、知らないのに「必要である」と書くのはだめです)。

ポイント **自分の体験は(他人よりもあなた自身がもっともよく知っていることなので)詳しく説明する際の具体例として使いやすい。体験を、大いに活用すること**

☆確信が持てないことを述べるな

確信が持てないことは、自信を持って述べられません。そして、自信の欠ける表現には説得力はありません。だから、何を述べるかを選ぶ際、確信が持てないことではなく、確信していることを述べるものとして選びましょう。

[注意:確信が持てないことでも、あたかも確信しているかのように書くのならいい? いいえ、それでは、偽りを書くことになるのでだめです。同様に、根拠不充分で断定するのもだめです。]

スペシフィックに述べよ

「スペシフィック」の意味

スペシフィック（specific）とは、「漠然とした」の逆の意味の語です（日本語には「スペシフィック」に対応する語がありません）。

次のシーンを見れば、おそらくスペシフィックの意味はよくわかるでしょう。

あなたは作業中です。少し離れたところに工具箱があって、その近くにエリカがいます。あなたはエリカに、「その尖ったやつ取って」と頼みます。エリカは工具箱の中を見ます。そこには尖った工具がいろいろあって、あなたがどれを求めているのかわかりません。エリカはあなたに聞き返します――このときの発言が英語なら "Be more specific." となります。

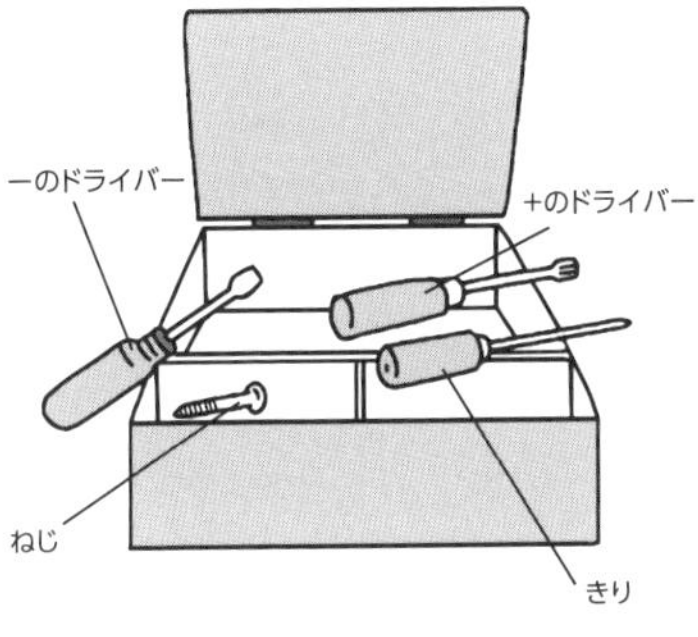

「スペシフィックに述べよ」とは、「話を漠然としたところにとどめず、それが何であるかわかるように述べよ」という意味です。

スペシフィックに述べるためには、とくに次の2点に注意しましょう。

① 具体案を示さないのはだめ
② 抽象的な話だけではだめ

たとえば、「＊＊利用は長期的展望に立つべきである」と述べるだけではスペシフィックでないからだめです。この場合は、「長期的展望に立った利用案」としてどのようなものを考えているかを読み手に伝えねばなりません。

「＊＊そのものを見直し、新たな施策を探るべきである」と述べるだけなのも、スペシフィックでないからだめです。この場合は、「具体的には何をするべきか」についての書き手なりの案を示さねばなりません。

また、日本語の乱れを云々しながら、そこで使っている「日本語の乱れ」とは何を指すのかを示さないのもだめです。

さらに、「本当の意味の節約の精神が必要であり、云々」と書きながら「本当の意味の節約」とは何をすることかを書かないのもだめです。

【問題１】　スペシフィックでないと、なぜ悪いのでしょう？

【答え】　書き手が何を述べているのか、読み手にはっきり伝わらないからです。

夢想家であるな

［ここで使う夢想家とは、「漠然とした提案をするだけで、それを実現させるための具体案を持たない人」の意味です。］

「＊＊利用は長期的展望に立つべきである」とか、「＊＊そのものを見直し、新たな施策を探るべきである」などと述べるだけで、具体的にどうするべきか、どうしたらよいかの案を示さないなら、そう述べるのは誰にでもできることで、さらに、一瞬の思いつきだけでも述べられます。だから、そういう発言（記述）は白昼夢を見ているだけの人がする発言の重みしかなく、説得力がありません。提唱・提案には、具体的なこと（対策など）が必要です。

提案には、「なるほど、これなら実現可能だ」と読み手を納得させる部分がなければなりません。それが具体的な部分なのです。

意見を支えるものをスペシフィックに書け

「判断」には支えるものが必要です。支えるものによって、書き手自身の判断の正しさを読み手に納得させせねばなりません。したがって、(「核」を支えるために)意見を述べただけではだめです。意見を支えるものがさらに必要です。そして、その部分をスペシフィックに書くことが、説得力のために重要です。

たとえば、「核」(である主張)が「ジェイン・オースティン注の作品でもっとも優れた作品は『エマ』である」のとき、たとえば「意見」が仮に「エマの性格がユニークであり、ストーリーの展開が緊張感に満ちている」であったとしましょう。このとき、意見を支えるためには、「エマのユニークさを構成する主な要素の説明(漠然とした説明にとどめない!)と、ストーリー展開の緊張感をどのように保っているかの方法の説明(具体的に!)」が必要です。

(注) イギリスの代表的な作家の一人(1775〜1817年)

実例の重みを使う

実例には説得力があるということは、誰もが知っているでしょう。説得力を高めるために、これを大いに使いましょう。

以下、実例の使い方を示すために、『言外の意』のタイトルの課題作文を書くことにしましょう。

これは、タイトルからして実例の重みで語る文章になりますね。

さて、内容としては英語の言外の意を書くことにしましょう。すると「核」が自然に（？）決まります。

「核」――「英語を学ぶ際は、単語を学ぶだけでなく英語の文化を学ぶことが大切」

支えるもの――たとえば次のようになります。

（なぜなら）「日本語と英語ではどの表現にどういう言外の意があるかが異なるので、それを知らないと予想もつかなかった誤解を生むので」

そこで、それを支える事実として、実例を２つ挙げることにしましょう。

こうして次ページの文章が出来上がります。

サンプル文例② 課題作文『言外の意』

『言外の意』

○○　□□

英語を学ぶ際は、単語だけでなく文化を学ぶことが大切です。日本語表現に言外の意があるのと同様に英語表現にも言外の意があり、どういう表現にどんな言外の意があるかは、日本語と英語では異なっていますので、その違いを理解していないと予想もつかなかった誤解を生むからです。

誤解を生む例の１つは I hope です(これは日本人がよく使う表現です)。英語では、I hope... という表現は確信が持てないときに使われます。日本人には、励ましのつもりで I hope you will succeed. と言う人がよくいます。この意味は「あなたが成功することを期待します」だけではありません。「成功するか確信はありませんが」の意味を言外に持っているのです。したがって、励ましのセリフとしてはパワー不足で、成功するか否かの大事な件を明日に控えている人がこう言われたら、その人は相当がっかりします。相手を励ますためには I'm sure you'll succeed. と言わねばなりません。また、結婚式のパーティーで日本人が新郎新婦に I hope both of you will be happy. と言って会場の人々から嫌がられるのはよくある話で、この発言を聞いたことのある人も多いでしょう。これでは「あなたがたが幸せになれるかどうか、私には確信がありませんが」の意だからです。

もう１つの例は、if you can です。日本では「できれば〜してください」のように「できれば」が要望の強さを弱めるために使われますが、これを英語で言おうとするときに直訳して if you can と言うのは誤解を生みます。状況にもよりますが、これは「あなたにそれをする能力があれば」の意味になることが多いからです。たとえば、Please point out my mistakes, if you can. これは「できれば私の間違いを指摘してください」の意味ではありません。言外に「あなたにできるか私にはわかりませんが」の意があるのです。こういったことは、発言習慣という文化を知らずには理解できません。

それゆえ、英語を学ぶ際は、単語を学ぶだけでなく英語の文化を学ぶことが大切なのです。

作文――「自分の感情のおもむくままに書いた文」？

作文とは

作文、読書感想文（本を読んだ後で書く作文）のことは27～28ページにすでに書いたとおりで、どちらも「論文」でなければなりません。「伝えたいことがあり、それを伝えるための文章」であり、読み手を納得させることを目指さねばならないのです。「こういう理由なら、こういう結論なのは当然だ」と読み手を納得させねばならないのです。

この「支える部分の説得力」が論文の――そして作文や読書感想文の――命です。

作文と説得力

作文は、説得力あるものでなければなりません。

たとえば、失態を演じて恥ずかしい思いをしたことを書くとすると、「そういう思いをしたことをなぜ書くのか」の目的が読み手に伝わるだけでなく、そこに説得力がなければなりません。つまり、その経験で教訓を得たのなら、経験と教訓のつながりに説得力がなければならないのです。あなたは教訓を明言し――「あー、恥ずかしかった」で文章を終えて（文学的に）教訓は暗示にとどめるのではだめ――そのうえで、「この経験からこの教訓を得たのは納得がいく」と読み手に思わせる文章を書かねばなりません。

もう1つ、こんどは幼い人が書きそうな例を挙げましょう。

幼いあなたは、植物に感情があることを知って驚き、これからは植物を大切にしようと考えたとします。これを作文に書く場合、あなたは経験を詳しく書き、読み手に追体験をさせ、それによって「こういうことなら、書き手がこれから植物を大切にしようと考えたのは当然だな」と納得させねばなりません。読み手に「ふーん、そういう出来事があったの。そういう風に思ったの」と思わせるだけではだめなのです。

支える部分の説得力が、作文の命なのです。

「活き活きと書け」――それだけではだめ

作文の書き方として、小中学生は「活き活きと書け」と教わります。作文の書き方として教わるのは、ほとんどそれだけなのは問題です。作文の書き方として知らねばならないことは、ほかにもいろいろあるからです。が、それは別として、「活き活きと書け」はまったく正しい指導です。

ただし、その意味には注意が必要です。

「活き活きと書け」をもう少していねいに言い換えると、「出来事の概要や解釈だけでなく、細部も（読み手がリアリティを強く感じるように）詳しく書け」となります。細部を書くことで作文にパワーが加わるのです――そして、ここが重要なのですが、細部のみを書くのではなく、「細部を書くことで何を伝えたいのか」が正確に読み手に伝わるようにしなければなりません。活き活きと書くだけではなく、概要や解釈は必要なのです（これは「論文には細部が必要で、抽象的な説明や『あなたの判断』だけでなく、読み手を納得させる細部が必要」というのと同じです）。

作文には、「概要」「解釈」「読み手がリアリティを強く感ずる細部」の3つが必要です（これは論文を書く際に必要な、「核」「（核を支える）意見」「（意見を支える）事実」にあたります）。

「作文は活き活きと書け」は、「作文では出来事だけを書け」の意味ではありません。

また、「感情的に書け」の意味でもありません――多くの人は幼少時にこう誤解しているようで、そのために作文を感情的に書く練習を積んで、結局、「論ずる文を書くときに『感情を述べるだけの文章』を書く」習慣を身につけてしまっているようです（『感情を述べるだけの文章』とは、「好きだ、嫌いだ、不快だ、など」だけの文章で、それでは論ずる文章として適切ではありません。これについては第2章で書いたとおりです）。

【問題２】

感動を伝えたい場合、どうすれば人に伝わるのでしょう？　自分が「どう感じたか、どう思ったか」を書き連ねるだけでよいでしょうか？

【答え】

それを書き連ねるだけではだめです。なぜ感動したかの理由と具体的な細部が必要です。読み手が理由を理解しなかったなら感動は伝わりませんし、細部がなかったら、理由に説得力を感じることはほとんどないでしょう。

【問題３】

作文は細部の描写のみに終始して、それで終わりでよい？

【答え】

それではだめです。それでは、書き手が何を伝えたいのかは、書き手と感性が近い人にしか理解できません（日本では、何を伝えたいのかが明言されていない文章を読んで「筆者は何を言いたいのか」を憶測する授業がよく行なわれているので、感性はかなり画一化されているかもしれませんが）。

簡潔に表現する

さて、これまでの部分を読んだ人の中には、次の大きな疑問を持っている人がいるかもしれません。

「簡潔な表現はいいことではないのか？　私は簡潔な表現を書くように教わったのだが……」

簡潔な表現を使うのはいいことです。「簡潔な表現」は詳しく書くこととは別レベルの話で、それら2つは相反するものではありません。

簡潔な表現をするとは、たとえば「私の家の、ガソリンを動力として動く、タイヤが4つある乗り物」と書かずに「私の家の自動車」と書くことを指します。つまり、余分な細部を書かないことなのです。

「肝心なことを克明に書け、余分なものはいっさい書くな」と、「簡潔な表現をせよ」は両立しますし、両立させるのがよいのです。

もっとも、簡潔な表現を目指すことには、大きな危険が伴います。「簡潔な表現とは何か」

について誤解している場合のみ問題なのですが、簡潔な表現を目指すと、肝心な部分すらあっさり書いてしまって、「要するに何を言いたいのか」の部分が貧弱な文章を作ってしまう危険があるのです。

論文指導の立場からは、「簡潔な表現」については、当面は、配慮は不要と考えてかまわないでしょう。なぜなら、現在の日本では誰の感覚も非常にあっさりしているため、説明過多にはなりえないので、「簡潔な表現」についてはは少なくとも今後数十年間は、配慮は不要なのです。

むしろ、いまのところは（日本的な）「簡潔な表現」をしないよう注意が必要です。厳密に表現できない人が簡潔な表現を目指すと、日本でよくある「説明なしの文章」になるからです。

「核」の提示は、シンプルにかつダイレクトに

もったいをつけた書き方をするな

これは「プレゼンテーションの仕方をシンプル（単純）にせよ」の意味です。もったいをつけた書き方をするな、「要するに何を言いたいのか」――すなわち「核」――を明かさないままに書き進めるな、などの意味です。

「問題点を考えるときに、単純に考えよ」の意味ではありません。また、説明を単純に終わらせよの意味でもありません（説明は克明に書かねばなりません）。

「要するに何を述べたいのか」が読み手にはっきり伝わらないなら、それがどう支えられているのかもよくわからなくなり、したがって読み手がその文章に説得力を感じることもなくなります。だから、「核」の提示はシンプルにダイレクトに行なわねばならないのです。

冒頭に肝心なことを書け

ただちに肝心なことを書きましょう。さもないと、（第3章で述べたこと以外にも）文章

にもったいをつけた感じが加わって、洗練さに欠けた文章になります。肝心なことがただちに書かれている文章を読み慣れている人が「肝心なことを書くのを後まわしにした文章」を読む場合、「書き手は、肝心な点が何かをわからずに文章を書き始めている」とか、「書き手は、肝心な点が何であるかを述べることにためらいを感じている」などと思うものです。前者の場合、文章は知的に見えず、後者の場合、文章は自信が欠けているように見えます。

たとえば、「Aはおいしくない」と述べるつもりなら、ただちにそれを書きましょう。文章の冒頭あたりで、「Aは、はたしておいしいのだろうか」と書いてずっと後になってから――結論のところでようやく――「Aはおいしくない」と書くのはだめです。こういった書き方は、ダイレクトに書かれた文章を読み慣れた人をいらだたせる（あるいは、うんざりさせる）だけで、よい効果はありません。

冒頭を細部から書き始めるな

人の関心は細部にあるため、文章を書こうとするときに、書き手がまず思いつくのは細部です。このとき書き手の頭の中には「自分がこれから書こうとしている文章」の全貌が見えていません。全貌が見えるのは、思いついた細部のほとんどをメモ用紙や下書きに書き終える少し前か、書き終えてからです。

でも、書き手の関心が細部にあるからといって、その関心を大事にして細部から書き始めてはいけません。なぜなら、読み手が文章に接した瞬間には読み手の関心は細部にはないからです。読み手の関心は「『核』が何か」にあります。そして、「核」が何かわかった時点で、読み手の関心は細部に、つまり『核』を支える部分」に移るのです。したがって、読み手の関心の順にそれを満たすように書かねばなりません。つまり、冒頭で「核」を示し、ボディーで細部を見せる――この順です。

思いついた細部から原稿を書くようなことを決してしてはいけません（細部は、まず下書きの準備の紙に書かねばなりません）。思いつくままに原稿を書き始めると、書き手にも全貌が見えない状態で文章が始まるので、冒頭に全貌を示す部分が欠けているだけでなく、話がいろいろなところに移ってゆく文章になってしまうからです。

どのように表現すればよい？

正確に、可能なかぎり慎重に

「正確に、可能なかぎり慎重に」をわかりやすく書くと、「いじわるな、あら捜しの質問を受けることのないように書け」ということで、もっと正確に書くと、「読み手が疑問に思う部分を文章中に置くな」ということです。

——と、こう書くとあまりに簡単ですが、これにはちょっとした難関があります（たいした難関ではありませんが）。それは、「他人が書いた文章の欠陥は容易にわかるものですが、自分の書いた文章の欠陥はわかりにくい」という点です。なぜなら、たいていの人は、自分の文章を見るときは、文章そのものを見ずに自分の頭の中にある考えを「見る」ので、目の前の文字列から意識が離れてしまうからです。

自分の文章をチェックするときのポイント

さて、自分の文章をチェック（文を１つひとつ読みながら、それぞれの文の正確さをチェック）するときのポイントですが、それは前記から当然ながら、「自分の考えを見るな」となります。つまり、「私はここで何を言いたかったのか」を考えず、（文を1つ読み進めるごとに）「ここまでを読んだとき、読み手は何を考えるだろうか」を想像するのです。そして文章を最後まで読み終えたとき、「この文章に対して読み手は何を考えているだろうか」（A）を考えましょう。その後「あなたが何を言いたかったのか」を思い出し、Aとのギャップがどれほどあるかを考えましょう（あなたは大きなギャップを発見するでしょうが、もちろん落胆する必要はありません。どんなに上手に書かれている文章でも、このギャップは大きいものです。パラドクスのようですが、むしろ大きなギャップに気づいたらあなたは喜んでいいのです。なぜなら、正確な文章を書ける人しか、そのギャップに気づかないからです）。そして、どのように加筆したらギャップを少しでも埋められるかを考え、自分の判断力を信じて文章を修正すればよいのです。

自分の文章のチェックの仕方

① 1つずつ文を読む
← ② 最後まで読む
← ③ 「読み手がどう考えているか」を考える
← ④ 私は何を言いたかったのか」を思い出す
← ⑤ ③と④のギャップを埋める

【問題４】

「女優はみな派手でなければならない。地味な役はメイキャップで作るべきで、それによって、あからさまに派手な人と、ちょっと見には地味ながら実は派手な人で作品が作られることになり、その結果、映画は、活き活きと魅力あふれる作品となるからである」

これでは文章が不注意です。なぜかわかりますか？

【答え】

このままでは、これを読んだ人のうちのある人は、「なぜ女優だけが派手でなければならないんだ？　これは男女差別の発言だ」と思うでしょう――それゆえです。女優のことだけを述べ、男優のことにはいっさい触れない文章を書く場合、必ずしも「男優」という語を使わずに「読み手に誤解を与えない文章」を書けるとはかぎりません。「私は女優のことしか書いていないから、読み手が誤解するなら読み手が悪い」と考えるのは間違いで、書き手は読み手に誤解を与えないよう、可能なかぎりの努力をはらわねばなりません。

推測は推測の形で書け

日本語では、推測を推測の形で言わないことがよくあります。空を見て「この雲じゃ、あしたは雨ね」という具合です。文章で同じことをしても、重大な誤解をまねくことはないでしょうが、細部まで注意がゆき届いていない感じが文章に加わるので、推測を推測の形で書かないのはなるべく避けたほうがよいのです。

酔って書くな

日本には、下手な文章があまりに多い――多くの人には「正確に、かつ、わかりやすく伝えよう」という意志が欠如していて、「考えにひたっている自分」に酔って書いていて、書く目的は「酔っていることを伝えたいだけ」です。このタイプの書き方はだめです。

酔って書いた文とは、たとえば次のような文です。

「〜に関しては、日本人の手で、日本の現実に立って、解決の道を切り開いていかなくてはならないだろう」

書き手が「ここで言う日本の現実とは何か」を詳しく説明せず、解決の道の案を具体的に示さないなら、酔っているだけで、書かれた文章には何の説得力もありません（し、こういう文章には読む価値もありません）。

極度に気取るな

海外のトーナメントに出場しているときに、そこで親しくなった人（日本人以外の人）から、次のようにたずねられたとしましょう。

「あなたはどんな人？」

このとき「私は私」と答える人はいないでしょう。それでは「発言主が自分自身をどうとらえているか」を何も示さないからです。

でも「論文」を書く段になると、態度が異なってしまう人はたくさんいます。たとえば出題が「『あなたは何者』に対するあなたの答えを＊＊＊字以内で書きなさい」であるときに、「私は何者であるかという質問に、私はあえて『私は私です』と答えたい」などのように書いて、「書き手が自分自身をどうとらえているか」を何も示していない――読み手に書き手（あなた）の像が見えない――のに平然としている人（あるいは、「うまく書けた」と満足している人）はたくさんいます。

こういう人は、「論文」を書こうとすると気取って気持ちがどこかかなたに飛んで、「何も伝えないことを書くのが深遠なことを書くこと、カッコいいこと」と無意識に考えてしまっているのです。気取りは誰にでもありますし、気取りそのものは悪いことではありませんが、「何も伝えないこと」を書くところまで気取ってしまうのは避けねばなりません。

［本項は「スペシフィックに書け」と同じ内容です――ただそれを書き手の気持ちの面から見たものです。］

【補足】

では、先の出題「『あなたは何者』に対するあなたの答えを＊＊＊字以内で書きなさい」の答えは、どう書けばいいのでしょう?

【答え】

どう書いてもかまいません。ただ読み手にあなたの像が見えるように書きさえすればいいのです。

なお、その際は「あなたが、他の人とどこが異なっているか」に焦点を当てるのがベストで、これは自分自身のことを書く場合は常にそうです。

「カッコよさそうなだけで意味を正確に伝えない表現」を使うな

たとえば、「(～が認められていない。)～の問題の扱いに際しては、古い考えに執着しない広い視野が必要だ」の中の「広い視野」がその表現です。

「古い考えに執着せず認めよう。認めない人は視野が狭い」という考えがこの記述の背後にありますが、「認めない人は視野が狭い」の証明がなく、これはごまかしの記述になっています（言外の「視野が狭い」の表現のネガティヴな力に頼っているだけです）。

このように書く人は、こう書くのがカッコよさそうだからそう書いているだけで、自分が何を書いているのかについては、ほとんど何も考えていないのでしょう（考えていたら、これがごまかしの記述であることはわかるでしょうから）。

表現についてのその他の注意点

読み手を、逆の側の人と想定して書け

「読み手は自分と同じ側」と想定して書いてはなりません。

読み手を、逆の側の（反対の意見を持つ）人と想定して書くのが有効です（文章に説得力が自然に加わりますから）。

自問自答をするな

——自問自答をすると、知性の低い人に見えますから。

次の2つの文章を比べれば、自問自答がバカげて見えることがわかるでしょう。

A：きのうは雨だったのだろうか、晴れだったのだろうか。雨だった。私はずっと本を読んで

いたのだろうか、プログラムを書いていたのだろうか。本を読んでいた。

B：きのうは雨で、私はずっと本を読んでいた。

冒頭での問題提起を避けよ

冒頭で問題提起をし、その答えを最後にとっておく形——つまり自問自答の形ですから、話は前項と同じですが——は、もったいをつけているだけの印象を読み手に与えます（し、余分なことを文章中に書かざるをえなくなることもあります）から、絶対に避けましょう。直接的に主張するべきです。

たとえば、文章を「ペストを扱った小説でもっとも優れた作品は何であろうか」で書き始め、「カミュの作品に『ペスト』があり、云々」などと、いろいろな作品を並べて最後に「それはデフォーの『ペスト年代記』である」と終えるのはだめです。「ペストを扱った小説でもっとも優れた作品は、デフォーの『ペスト年代記』である」と冒頭で書き、以下その理由を詳しく説明するほうがシンプルで洗練されています。

問題提起で始めるのがいいのは、読み手が一般人であって、その件に関心がないだろうと思われるとき——たとえば雑誌に記事を書くときです。冒頭に（後で自分でそれに答えるための）問題提起を置くのは、論文の書き方として適切ではありません。

肯定する場合も否定する場合も慎重に

肯定する場合は、支え方にとくに注意する必要があります。注意しないと、支え方が貧弱になりやすいからです。

否定する場合は、トーンに注意する必要があります。非難する調子にしてはなりません。「論外だ」とする調子にしてもいけません。

力むな

作文も論文も、パワフルでなければなりません――読み手を納得させる力においてパワフルでなければなりません。というわけで「パワフルであろうとして力む」――これがよくある間違いです。語調でパワフルであることを目指すのは間違いです。力んで書くと、読み手には書き手が乏しい説得力を補おうとして力んでいるように見え、結局、文章は説得力を失うから、パワフルでなくなります。

文章をパワフルにするのは細部です。

表面的であるな

表面的な文章には、説得する価値のある内容がないからです。

誰かに「論文」を読んでもらおう

読んでもらうのは助言のため？　いいえ――あなたの周囲には、適切な助言ができる人はほとんどいません。［ちなみに、本書を読み終えたら、あなた自身は「適切な助言ができる人」になるでしょう。］

他人に自分の文章を読んでもらうのは、「簡単に理解できる文章をあなたが書いているかをチェックするため」で、相手が簡単に理解できないなら、「どういう表現が悪くて理解できないか、を知るため」――そのために「どう理解したかを聞くため」です。

「どのように書けば、他人はどう理解するか」を知ることで、あなたの表現能力はグングン伸びていきます。［これはなぜかと言うと、「ほんのわずかな説明では、あなたの言いたいことが相手に正確に伝わることはまずない」ということをあなたは知り、その結果、十分な説明をていねいに書く姿勢が養われてゆくからです。］

章末問題

【問題１】

『私にとっての親友』という論文を書く場合、論文中にはその人がどういうタイプの人かを

克明に書くだけでよい？


【答え】

よくない。

どんな人かの説明以外に、「なるほど。こういう理由なら、そういう（タイプの）人を親友と考えるのはもっともだ」と読み手を納得させる部分が必要です。


【問題2】

「～が現状である。したがって、われわれは本当の意味の節約の精神を認識することが大切である」

もし、この文章を結論部分に書きたいのなら、ボディーの部分には「なぜそれが大切なのか」の理由の説明以外に、何の説明が必要？


【答え】
①「本当の意味の節約の精神を認識すること」とはどういうことなのか（書き手はそれをどういう意味で述べているのか、具体的にはたとえば何をすることなのか）についての詳し

い説明、②書き手にとって「本当の意味の節約」とは何かの説明、③「本当の意味の節約をすることが大切である」と書かずに、「本当の意味の節約の精神を認識することが大切である」と書く理由（つまり、行動よりも認識のほうを強調する理由）などが必要です。

《補足》

――このように、書かねばならないことが随分あります。読み手がはっきり理解できるように、これらを書くことは至難の技です（２０００字程度のかぎられた文字数で論文を書くのなら、それは不可能です）。何が悪くてそうなるのでしょう？「本当の意味の節約の精神を認識すること」という、あいまいな表現を使うのが悪いのです。

【問題３】

「人間が機械に支配されることは、決してあってはならない」

結論中にこの文を書きたいのなら、ボディーの部分に「人間が機械に支配されることは、決してあってはならない」理由のほかに、何を書かねばならない？

【答え】

「人間が機械に支配されている状況とは、どういう状況を指すのかの説明（その説明なしでは、読み手には、書き手がどんな状況のことを言っているのかわかりません――実際に機械が人間を支配することはありませんから）。その状況を詳しく説明して、読み手に「この状況なら人間が機械に支配されていると言えるな」と納得させねばなりません。

《補足》

——この論文でもっとも肝心な部分は、「なぜ決してあってはならないのか」（A）を説明する部分になるでしょうから、Aの部分に説得力を与えるために、Aの部分を詳細に記述せねばなりません。読み手を「この状況なら人間が機械に支配されていると言えるな」と納得させねばならない負担まで書き手が背負うのは間違いです。何が悪くてそうなるのでしょう？「人間が機械に支配されること」という、わけのわからない表現を使うのが悪いのです。

酔って文章を書く人は、この種の「わけのわからない」表現を好んで使い、「カッコいいことを書いた」と自分にほれぼれとします（「わけがわからないだって？　どこが？　はっきりわかるじゃないか」とも思ってもいるでしょう）。あなたは、そうならないように注意しましょう。文章の意味は、書かれている文字だけで読み手に正確に伝わらねばならないのです。読み手の憶測にたよる部分があってはならないのです。

【問題4】

作文で「新しく出来た図書館に行って本をたくさん借りてきたこと」を書く場合、それだけ（出来事だけ）を書けばいいわけではありません。では、何が必要なのでしょう？

【答え】

「それを書くことによって何を伝えたいのか」の記述が必要です（その部分が「核」です）。


【問題５（前問のつづき）】

「それを書くことによって何を伝えたいのか」が、「これから本をたくさん読もうと思った」であるとします。この作文には、どこに説得力がなければならない？（読み手をどう思わせねばならない？）


【答え】

「こういうことなら、書き手がこれから本をたくさん読もうと思ったのは納得がいくな」と読み手に思わせねばなりません。

――さらに、読み手自身に「私もこれから本をたくさん読もう」と思わせることができれば大成功です。


【問題６（前問のつづき）】

その説得力を出すためには、詳細として、たとえば何を書けばよい？

（ヒント：「核」が「これから本をたくさん読もうと思った」であるとき、それを支える「意見」は、たとえば「魅力的な本がいっぱい」です。それを支えるためには何を書けばよい？）

【答え】

たとえば、借りてきた本がなぜ魅力的なのかを1冊ずつ紹介するなどすればいいのです。「ここを漠然と「おもしろそうな本ばかりです」とするだけにとどめてしまうと、説得力は何もありません。説明はスペシフィックに！　そうすれば文章はパワフルになります。」

第5章
あなた自身をアピールする

与えられた課題について「あなたにしか書けないこと」を堂々と述べましょう。日頃から、いろいろと考え自分の意見を持てば可能です。

論文に必要な2つの要素

- オリジナルであれ
- あなた自身であれ

論文に必要なこの2つの要素は、1つにして次のようにも表現できます。

- 「あなたらしさ——ほかの誰でもないあなた自身」を見せよ

ポイント **ほかの人との違いをアピールせよ**

したがって、以上から様々な注意点が挙げられます（以下の4点は、それぞれ独立したものではなく重なり合っていますが、気にせず並べましょう）。

「面接ではあなた自身を見せよ」と指導を受けた高校生の女の子が、希望する大学に行って面接を受けているときにブラウスを脱いでしまうところ（アメリカB級映画の妄想シーン）。

①　誰もが書くようなことを書くのは、避けよ

ほかの人が書きそうなことを書くのは避けねばなりません。これしか書けない者だ、と判断されることになりますから。たとえば「道」という課題作文で、『オズの魔法使い』の中の「黄色いレンガ道」のことを書くのはオリジナリティーを損なうことになるので、だめです。

②　多くの人が引用できるものを引用するな

（これは厳密には①に含まれる内容ですが、注意を促すために別項目として並べました）。

引用は、知っている人なら誰でもできることなので、オリジナリティーを損なう原因になりやすいからです。

［引用に要注意］

ただし、例外的に引用が適切な場合はあります。たとえば、「リンカーンのディベートの才能について論ぜよ」という出題に対しては、リンカーンの引用をふんだんにしてよいのです。ただし、この場合でもオリジナリティーを示すためには、誰も知らないような発言の引用が望ましいのです。

③「その他大勢」と同じであるな

④ 表面的であるな

論文は表面的であってはなりません（「多くの人が賛成するようなことだけを書いて終わり」の文章を「表面的」と言います）。表面的な文章には、オリジナリティーのみならず「あなた自身」がまったくないので、文章に価値がないからです。

《実践的には、この④は非常に大切です。なぜなら、高校生や大学生の書く論文のほとんどは表面的[注]であるからです。「多くの人が賛成するようなことだけを書いて終わり」なのです。それでは文章に価値がないことをよく知っておきましょう。》

［注：これは高校生や大学生にかぎったことではなく、日本人の特色です。日本人はオリジナリティーが欠けているように見えます。その理由は、たいていの日本人は大勢が同意していることしか述べないからです。「わが道を行く」人が少ないからです。］

ポイント **「あなた自身」がなかったら「伝える意味・価値」はない**

オリジナリティーは、どうしたら示せる？

「オリジナリティーを示す」ためには、あなたにしか書けない文章（ほかの誰にも書けない文章）を書けばいいのです――ただそれだけのことです。

たとえば、小論文の場合はあなたが自分自身の考え（ほかの誰の意見でもないあなたの考え）を持っていたら、ただそれを書けばいいのです。簡単ですね。

どんなテーマであろうと、あなたにしか書けないことは必ずあるはずです。それを書きましょう。

でも、もしもあなたが常に、ほかの人の意見を自分の意見として取り込むだけなら、あなたにはオリジナリティーを示すことは不可能です。その場合は、あなたは文章を書くよりもずっと前にまず、自分自身の意見を持たねばなりません。

論文を書く場になって、そのときの思いつきでオリジナリティーが得られるものではありません。日頃、いろいろな事を考え、自分の意見を持ちましょう！

また日頃、ほかの人と異なっている意見を述べるのをためらわないようにしましょう。それを自信を持って述べましょう——その姿勢がオリジナリティーを育てます。

あなたが「パブロ・ピカソとレオノール・フィニは偉大な画家である」と思っていたとしましょう。このときあなたは、次のA・Bのどちらを「核」と選んでも論文を書くことができますか？

A「パブロ・ピカソは偉大な画家である」
B「レオノール・フィニは偉大な画家である」

できるならOKです。

——と、なぜこのようなことを書いたかと言いますと、日本人には、この場合のAは堂々と書けても、Bと書くのには抵抗を感じる人（あるいは書けない人）がたくさんいるからです（もちろん「パブロ・ピカソとレオノール・フィニは偉大な画家である」と思っている人が、です）。

その人がAを堂々と書けるのは、Aが広く一般に認められているからであり、Bと書くのレオノール・フィニによる『午後の日曜日』

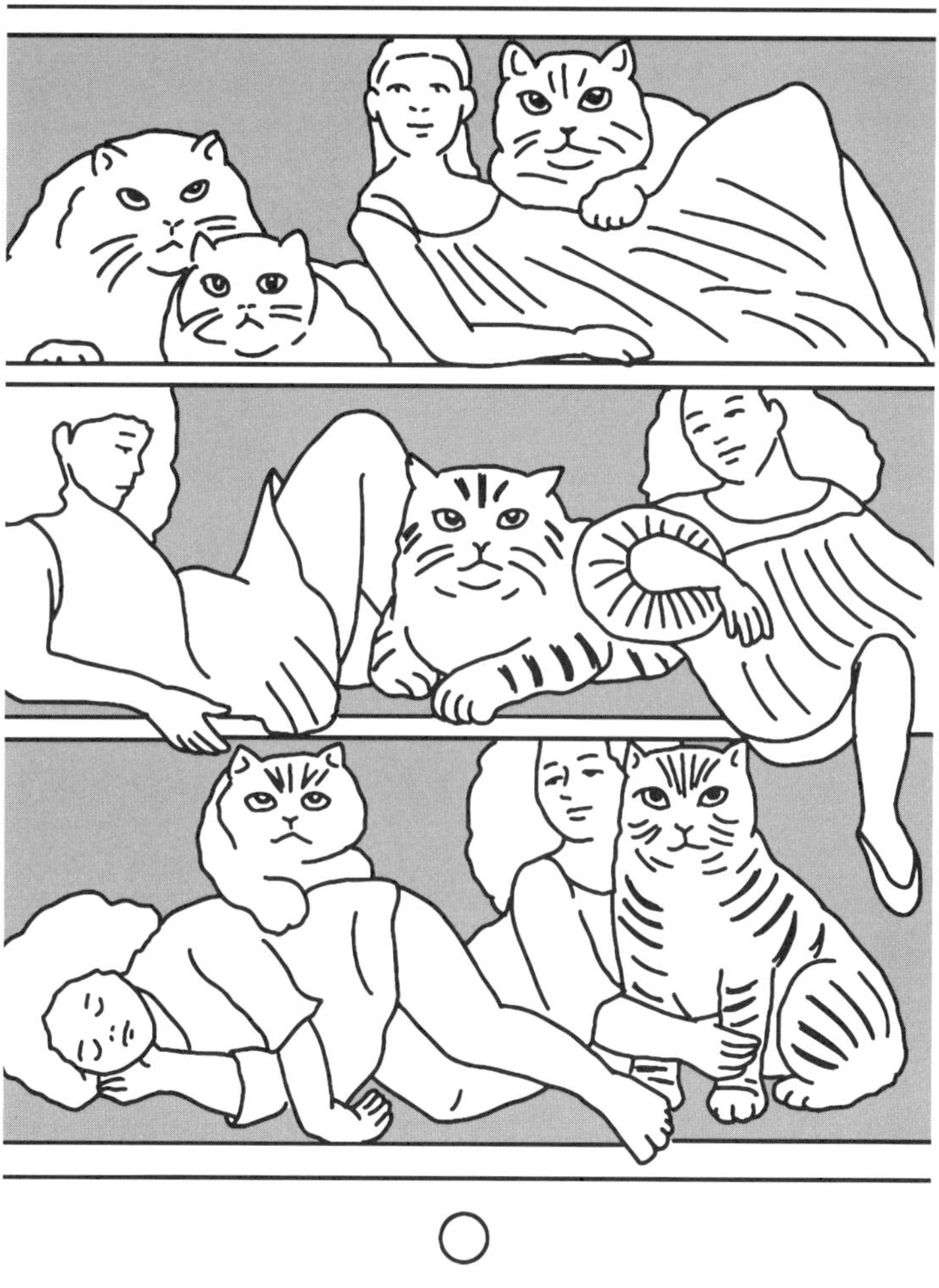

Leonor Fini（1908～1996年）アルゼンチン生まれでイタリア育ちのシュールレアリスト。
『午後の日曜日』は"Dimanche apres-midi"の直訳

にためらいを感じたり、Bと書けないのは、Bが広く認められていないからです（つまり、「広く認められていないことを主張できない人」が日本にはたくさんいるのです）。

この性向は、論文を書く上で大きな障害となります。これはオリジナリティーを損なう大きな原因となるのです。なぜなら、AよりもBのほうに主張する価値があるからです。

Aは、いまさら主張する価値はありません。なぜパブロ・ピカソが偉大であるかを詳しい根拠とともに書いても、読み手は「ほー、なるほどね。たしかにそのとおりだ」と、**根拠ゆえに納得**することはありません。根拠を見る前に（Aの部分を見ただけで）「そんなことは誰でも認めてるよ」と考え、それで終わりです。多くの人が認めている考えをわざわざ主張する価値はありません。

一方、Bは（レオノール・フィニを認めている人があまりいないと仮定すると）主張する価値があります。なぜなら、それを支える根拠群を書いて、その根拠の力で読み手を納得させることができれば、その論文は「説得力ある論文」として価値の高いものになるからです。

というわけで、前記の性向「広く認められていないことを主張できない」は、論文を書く上で大きな障害となるのです。

この性向は克服せねばなりません（そして、自分の考えを——それが広く認められていなくとも——率直に主張できるようにならねばなりません）。

論文の価値の点からのポイント

・多数派よりも少数派の意見のほうに（あなただけの意見なら、そのほうがさらに）主張する価値がある
・その主張を根拠群で十分支えると、「論文」は価値の高いものになる

ここに注意！

奇をてらったことを書けばよい？

いいえ、違います。「奇をてらったこと」とは、「異端者を演ずるための、その場の思いつきの主張」ですが、それでは、日頃考えていないことを書くことになるので、十分に根拠を書いて主張を支えることができず、論文に説得力を与えることができないからです。「根拠の力による説得」のない論文は失敗作となります。

「核」とオリジナリティー

「核」そのものにオリジナリティーが表われることはあまりありません。だから「平凡な核しか思いつけない」とか、「ユニークな核を思いつけない」などと悩む必要はまったくありません（オリジナリティーは、たいてい「支え方」のほうに表われます。支え方にオリジナリティーを出すためには、知識は豊富でなければならず、かつ、日頃よく考えていなければなりません）。

ただし、「核」でオリジナリティーをすっかり損ねてしまうことはあるので、その点には注意しましょう。「核」は、支えずとも多くの人がそれに同意するなら述べる価値はありません。そういう種類の主張が「核」になっている論文は、読む価値がありません。たとえば、「旅に気分転換のメリットがない」と考える人はいないでしょう。したがって、『旅』の課題作文を書く際の「核」を「旅には気分転換のメリットがある」として、支える部分で旅によって気分転換できた体験例をいろいろ並べても、論文はオリジナリティーのない駄作になるだけです。

レポートの書き方について

「＊＊についてレポートを書け」という指示に従って書く文章も「論文」ですが、これはタイプが微妙に異なります。レポートでは、「論文」に求められる「オリジナリティー」も「あなたらしさ」も必須のものというわけではありません。レポートでは、「伝えたいこと（あるいは伝えなければならないこと）」を正確に詳しくわかりやすく書けばいいのです。

自信を持って書くとは

知っていることを堂々と書く

自信なさげな書き方をしてはいけません。

自信を持って書くということは、自信のなさそうな感じを出さずに、率直に書くということです（力んで書くことでも、大声をあげることでもありません）。

「知っていることについて、自信を持って堂々と（つまり、ためらわずに）書いている」という感じを出すよう努力しましょう。

「知らないけれど大声でわめいている」という感じを加えてはいけません。

推測を自信なさげに書くな

推測を書く場合でも、自信を持って推測を書きましょう（「推測でも、自信を持って断定せよ」の意味ではない点には注意してください）。

たとえば、可能性の推測を述べるときに「～ではないだろうか」（A）ではだめです。これでは「私には全然自信がありません」の意味になりますから。
「1つの可能性として～が考えられる。（さらに～の可能性もあるだろう、と続く）」（B）のほうが知的でよいのです（自信を持って推測を書くとは、こう書くことです）。

なお、Aと好んで書く人の中には、「AはBと同じ意味。だからAでよい」と考える人は多いでしょう。もちろん、AとBは同じではありません。根本的な違いは、Aは質問であって（主張ではなく）、Bは主張である点です。

主張に自ら影を投げかけるようなことは書かない

控えめな表現をするのは間違い

日本人は控えめな表現が好きなせいか、主張に自ら影を投げかけることを好んで書きます。これは論文の書き方としては間違いなので、注意しましょう。

主張（である「核」）は全力で支えるべきで、支える力を自ら弱くするのはまったくの間違いです。

主張に自ら影を投げかけるとは、「Aである。しかしBである」の形で書くことです（主張「Bである」を自ら「Aである」で弱めようとしています）。

この形のうち、次のような書き方は日本で広く使われています。

・「たしかにAである。しかしBではないだろうか」
・「なるほどAである。しかしBではないだろうか」
・「いかにもAである。しかしBではないだろうか」

（「ではないだろうか」では、「否定と推測と質問の混合で」主張になっていないので論外ですが、いまはその点とは別の部分の話です。)

《ちなみに、多くの場合、これらの表現の背後にある「発言主の考え」はこうです――「私と反対の意見の人は、きっと『Aである』と考えているでしょう。でも、ほら見てください、私はAであると述べていますす。ちゃんと述べてるでしょ?だから私に反論をしないでくださいね」

つまり、主張に自ら影を投げかけ、自信のなさそうな感じを加えることにより、「弱い者に哀れみを(だから反論しないで)」と言っているのです――書き手自身はそれを意識していないでしょうが。》

これらは、具体的には次のように使われます。

「たしかにシーラカンスを保護することは難しいことである。しかし私たちはシーラカンスを保護するべきではないだろうか」

この表現が間違いなのは、「シーラカンスを保護するべきである」と述べたいのなら、率直にそれを述べて、なぜ保護するべきなのかの理由を十分説明することに全力をそそぐべきだからなのです。「保護は難しい」と述べても主張を支えませんから、これは余分です[注]（し、この例の場合は、難しいか否かは保護すべきか否かとは関係のない論点外れの記述になっていて、文章から論理性を消してしまっています）。

［注：前記は「主張する者にとって都合の悪いことは隠して主張せよ」と述べているのではありません。もしも「保護は難しい」という現状があるのなら、書き手は、「難しい」とネガティヴなことを述べるのではなく、「こうしたら保護は容易になる」という具体案を述べるべきなのです。］

常にポジティヴに書く

自分ができることは「できる」と書いてよい

書くときの姿勢は、「常にポジティヴに——あなた自身を肯定するように」しましょう。前項と同様、自分自身に対してネガティヴなことを書くのは避けましょう。

たとえば、「私に何ができるかはわからない。でもできるかぎりのことをしたい」としてはだめです。「私に何ができるかはわからない」は自信のない表現で余分だからです。この場合は、単純に「私はできるかぎりのことをしたい」とするほうがいいのです（もう少し表現を増やし、意欲を十分に見せればもっとよくなります）。

——なお、この例は前項の「主張に自ら影を投げかける」形になっています。気がつきましたか？

［注意：「自信を持って書きましょう」とは、「自慢せよ」の意味ではありません。］

《日本は「秀でた人をねたむ社会」なので、「〜ができる」と述べると、それを自慢ととる人がかなりいます（何かに秀でたところがない人の多くはそうです）。でも「『～ができる、の発言』＝『自慢』」ではありませんし、何かに秀でた人はそのようにはとりませんから、「～ができる」の発言をためらう必要はありません。

何を書いても、他人の能力をねたむ人には、それは自慢に見えるものです。「他人の能力をねたむ人に自慢に見えない文章を書くこと」を目指す必要はありません。》

できることを単に「できる」と述べるのは自慢ではありません（同様に、快挙を単に喜ぶのも自慢ではありません）。

一方、「優越感を表わすこと」、「他人を見下した感じを表わすこと」は自慢です。「できる」ことを述べるときに、他人との比較をしたり暗示をすると自慢なのです。そのようなことはしないようにしましょう。

例「私は＊＊の大会で優勝した。最初、すごいことだと思ったけれど、考えてみたら当然だった。なぜって、そのために毎朝４時間トレーニングしていたんだもの」

これは自慢ではありません。他人を見下しているわけではなく、ただ純粋に喜んでいるだけだからです。

「何ができるかをあれこれ書きすぎるな（1つ2つくらいにとどめよ）。書きすぎるといやみになる」と書いてある本がありますが、それは間違いです（その本の筆者は、「他人の能力をねたむ人」なのでしょう）。

できることをあれこれ書くことがいいか悪いかは、それを書く目的によります。単純に言えば、「核」（主張）と関係があれば「できることをあれこれ書くこと」はいいことです。「核」と関係がなければ悪いことです（「できることをあれこれ書くこと」であろうとなかろうと、「核」と関係ないことを論文中に書くのは悪いことです）。

『核』との関係」を会話例を使って説明しましょう。

例「～のときに＊＊するのが大切なんだね。それにきのう気づいたよ。ぼくはきのう＊＊できなかったんだ」の発言に対して、

「私はできるわ」

これは論点外れです。「核」は「～のときに＊＊するのが大切か否か」であり、「～のときに＊＊することができるか否か」ではないときに、「私はできる」と述べているから論点外れなのです。

できるか否かが「核」でないときに、「できる」と述べるのは悪いことです。できるか否

かが「核」であるときに「できる」と述べるのはよいことです。

たとえば、「私の能力」について書くのがメインであるときに、何ができるかをふんだんに書くのはよいことです。

《ただし、この場合も何を伝えたいのかに即して書かなければなりません。たとえば「私の語学の能力」を述べるのが目的の文章で、『ついでに』絵画の能力を書くのは論点外れなので、だめです。》

「控えめな主張」は自信のない発言に見えるので損

「自在にというわけではありませんが、私は一応５カ国語がしゃべれます」――α

この表現は愚かな発言（記述）に見えます。なぜなら、これを読んだ人に次のように考えさせてしまうからです。

「しゃべれるの？　しゃべれないの？　どっちなの？」


αの書き手は、ほめてもらいたいために、（主張に自ら影を投げかけて）謙虚さを表わそうとしているのです。「誰かにほめてもらいたい抑圧された気持ち」が言外に書かれています。

こういう気持ちを書き表わす必要はありませんし、論文でそのように書くのは適切ではありません。これでは結局、「自信はあまりないんだね」と読み手が思うだけだからです。

αでは、率直にかつ単純に「私は5カ国語がしゃべれます」と書くほうがよいのです。

――同様に、

卑下するな

卑下したら、「ほかの誰でもないあなた自身」をアピールできません。

とくに、「私の短所」などの課題作文でこれをしないように注意しましょう。

――同様に、

「私は無能だ」と述べる文章を書くな

たとえば、資料の読み取り問題で、次のように書いてはいけません。

「～について論ずるのは難しいことだと思う。資料Aに＊が載っていない。資料Bには＊＊がない（などなど）。だから年数をかけて継続した調査と論議を重ねるべきである」

これでは「資料から私が言えることは何もありません」と言っているのと同じで、「私には読み取り能力がありません」と伝えようとしていることになるからです。

ちなみに、読み取り問題では、結論として＊＊を言えない場合に「＊＊とは言えない」を前面に押し出して書くのはだめです。それについては何も書かないのがよいのです（ただし、それを書くことが「核」と関係があれば可）。

大事なのは、あなたが言えることをていねいに、細部まで詳しく述べることです。

章末問題

【問題1】

「一般的に言って〜である」と書いた場合、あなた自身の意見を述べたことになる？

【答え】

いいえ。「一般的に言って〜である」は、あなたの意見ではありません。それを書いてもあなたの意見を述べたことにはなりません。

【問題2】（これは第2章の復習問題です）

「意見がない」と述べた場合、あなた自身の意見を述べたことになる？

【答え】

いいえ。述べたことにはなりません。

【問題3】（これも第2章の復習問題です）

「核」が「何かの提案」なら、それは何に値する提案でなければならない？

【答え】

あなたが提案した後、それについて大勢が賛成側と反対側に分かれて議論するに値する提案でなければなりません。

——190ページの、パブロ・ピカソとレオノール・フィニについての文章の「核」は提案ではありませんでしたが、基本的には同じことですね。「パブロ・ピカソは偉大な画家である」には反対派がほとんどいないでしょうから、「核」として選ぶ価値はないのです。

第6章
論文を正しい構成で書く

「核」を「事実で支えられた意見」で支え、イントロダクション、ボディー、結論の形式で構成しましょう。

論文の内容の構成――支え方

「核」を、「事実で支えられた意見」で支える

論文や作文は、「核（である主張）」を「意見」（「＊＊だから」の部分）で支え、その「意見」を「事実」で支える構成にしましょう。

つまり、下図の形です。

なお、「事実」の部分は、必ずしも事実である必要はありません。「核」と意見の種類によっては、ここは「意見を支える説明」となる場合もあります――要は、意見を支えるものであれば何でもいいわけです。ただし、「事実」にもっとも支える力がありますから、事実を書ける場合はそれを書くのがベストです。

「核」の支え方

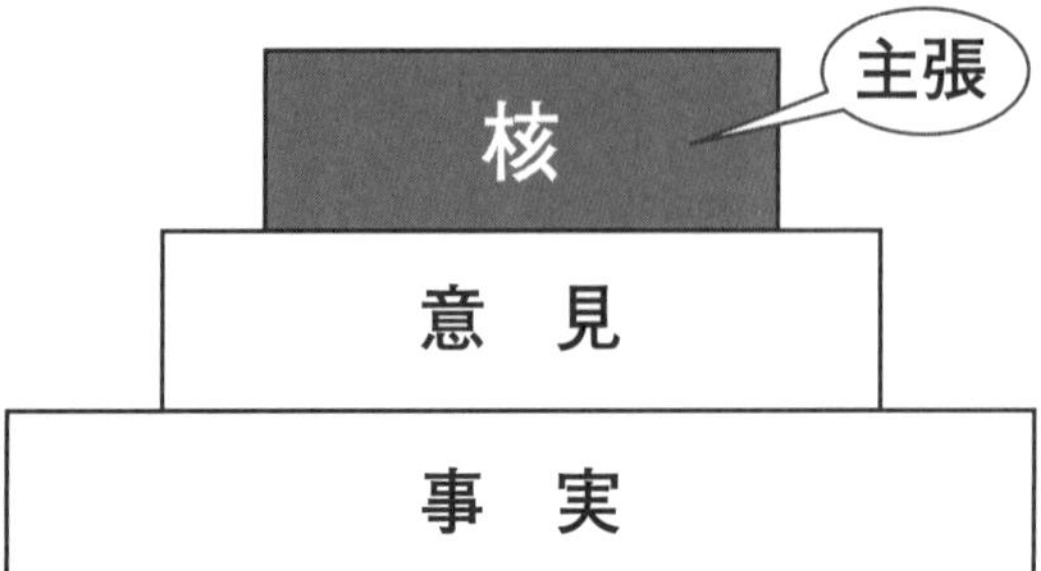

「核」の置き方

「核」を1つのセンテンスで書くと、通常、比較的長い文（A）となります。次に、このAから細かい部分を落として、可能なかぎり短くした文（B）を作ります。

このBをイントロダクション中に入れ、Aを結論のパラグラフ中に入れましょう（短い文章なら、Aだけで結論のパラグラフとしてかまいません）。

AとBは、まったく同じであってもよいのですが、可能なら（たいていは可能ですが）異なる長さにしましょう——そのほうが文章に洗練された感じが加わるのでよいのです。97ページの文例を使うと、下図のようになります。

［注意：AとBで異なる内容を書いてはなりません。］

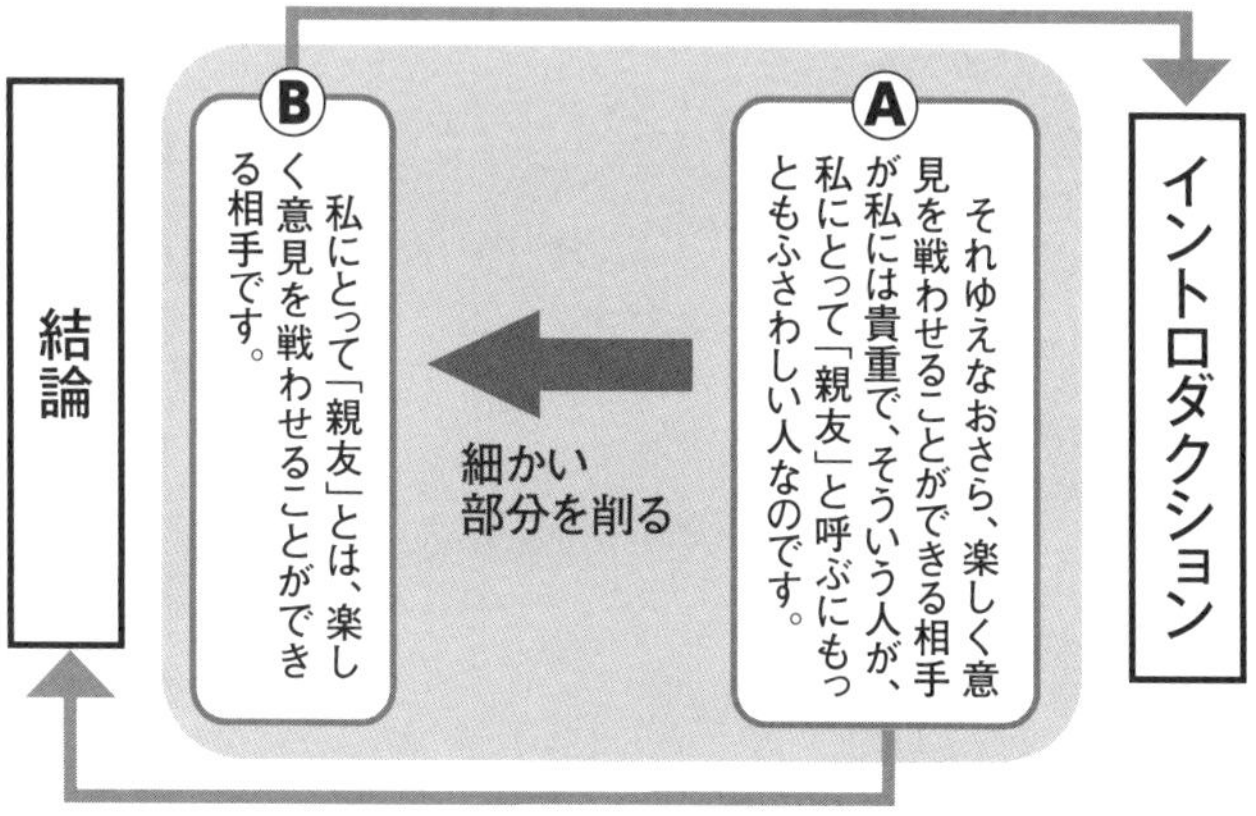

論文の形式上の構成

論文は、「イントロダクション」「ボディー」「結論」の3つの要素で構成しましょう。パラグラフ数は、イントロダクションが1つ、結論が1つで、ボディーに関しては、そこでn個の内容の説明をするなら、パラグラフもn個としましょう。

・パラグラフについて

同じ内容のことを述べているときに、途中で改行をしてはいけません。パラグラフは、意味のブロックで作りましょう。

「そのパラグラフで何を言いたいのか」をそのパラグラフの冒頭に置き、以下、その説明をしてそのパラグラフを終えましょう――そうすると、読み手にもっとも理解しやすい文章になるので、その形式がよいのです。

以下では、作文・論文などを書く際に欠かせない「イントロダクション」「ボディー」「結論」のそれぞれの要素について順に説明します。

①「イントロダクション」の書き方

イントロダクションは、全貌を見せる部分です。文章全体の概要がここで語られていなければなりません（冒頭のセンテンスについては、第3章で詳しく説明したとおりです）。ただし、「全貌を見せる」とはいえ、ここで詳しく語りすぎてはいけません。語りすぎると、ボディー以下を読む価値がなくなるからです。

イントロダクションの書き方の基本姿勢は、「シンプルに、ダイレクトに」です。ここで問題提起（文章の終わりで自分が答えるために置く自分への質問）をしてもいけません。それではダイレクトではありません（冗漫です）。

・よく使われる書き方の「型」

イントロダクションを実際にどのように書くかに関しては、決まりはなく、自由です――が、「自由ではどうしてよいかわからなくて途方にくれる人」がけっこういますから、その人のために、「よく使われる型」を1つ示しておきましょう。どう書いたらよいかわからない人は、次のように書くとよいでしょう。

第1センテンス――話題に関する一般的なことを書く*

第2センテンス――「核」をごく単純な形で書く
その次のセンテンス1つか2つ――「核を支える意見」を1つか2つをごく単純な形で書く

(＊) たとえば、「核」が「学校の英語の時間には、英語で自由に雑談したりディスカッションする時間を設けるべきである」であったなら、この論文は「英語教育のあり方の改善」を扱うわけですので、第1センテンスには「英語教育のあり方の改善」に関する一般的な話を書けばよいのです(そうすれば、読み手に、その論文が「英語教育のあり方の改善」に関する論文であることが伝わるわけです)。

先に書いたとおり、これは単に1つの型ですから、この形式にとらわれる必要はありません。あなたの好きなように自由に書いてよいのです。文章全体の概要の効果的な語り方は、話題ごとにまちまちですから、あなたが「これがベスト」と信じる形で書くのがもっともよいでしょう。

・よくある間違い

イントロダクションをまえがきや、前置き、序文、序論などのように考えている人がよくいます。イントロダクションはそうではなく、文字どおり、論文を「紹介」する部分です。

②「ボディー」の書き方

ここは、「イントロダクション」で示した「核を支える意見」をていねいに説明し、それを支えるものを詳しく書く部分です。

書く内容を選択する際にもっとも大切なのは、「書こうとしている結論」を導くことができる内容を選択しなければならないという点です。つまり、理想的にはボディーまでのところを読んだ人があなたに代わって結論を書いたとき、「あなたが書こうとしている結論」と同じものを書ければよいのです（それを本当に読み手が書けるなら、あなたが書いた「ボディー」は論理的かつ説得力を持って結論を支えていることになり、あなたの論文は完璧な出来映えと言えます――完璧な論文を目指してベストを尽くしましょう）。

ボディーでの説明には、あいまいさがあってはなりません。具体的にスペシフィックに書きましょう。

ボディーの中に「余分なもの」を置いてはなりません。つまり、支えるためのものではないセンテンスを書いてはいけません。たとえば、「Aの害」を説明しているときに、「Aは○○年ころから広く一般に使われるようになった」というセンテンスを書くのはだめです。

【ただし、どうしてもその知識をひけらかしたいのなら（苦笑）、その部分は修飾語として使うことができます。「〇〇年ころから広く一般に使われるようになったAは、云々*」（＊この部分は害の説明の一部）という具合です。こう書けば、そのセンテンスは「余分なもの」ではなくなります。】

説明なしの考えを置くのもだめです。たとえば、「これは、ひとえに近代科学の限界による」と書いて、「近代科学の限界」とは何かを説明しないのはだめです。

表面的な書き方をする（自明なことだけを述べる）のもだめです（第5章を参照）。

適切な例で支えなければなりません。たとえば、「個人的な体験を書くのは有効だから」という理由で、支えようとしている事柄とほとんど関係のない体験を語って、こじつけ風に支えようとするのはだめです（もっとも、だめとはいえ、何を言いたいのかがわからない支離滅裂な論文より、はるかにマシですが）。

説明間には論理の飛躍があってはなりません。飛躍をなくすために、接続詞を使って意味の関係を字面で示すことと、説明なしの考えを置かないこと（すべてをていねいに説明し尽くすこと）に十分注意をはらいましょう。

・よくある間違い

「ボディー」の部分は、日本では通常「展開」と呼ばれていて、その語の誤解から、別の話にどんどん「発展させた」内容をここに書くのが、よくある間違いです（私が本書で「展開」の語を使わなかったのは、その語による誤解を避けるためです）。ここで言う「展開」とは、箱の中に片付けてあった小物類を陳列台に広げることに近い意味です。広げて見せることなのです。ここに「テーマに関連したさまざまな話」を書いてはなりません。

③「結論」の書き方

結論には、「核を詳しく言い換えたもの」か「要約」を書きましょう。

ここに書くものは、ボディーで書いた内容から導けるものでなければなりません。このパラグラフを隠して「結論」を読み手に当てさせたとき、読み手が隠された「結論」と同じ内容のことを書けるのなら、その「結論」は論理的に正しく書かれていることになります。た

とえ同じことを書けなくても、読み手が「この結論が**導かれて**いることは納得がいく」と思えるものならＯＫです。

ここでは、弱々しく自信なさげな書き方をしてはなりません。ボディーから当然導けるものを書くわけですから、それを率直に書けばいいのです。

たとえば、「～ではないだろうか」はだめです――それでは「ボディーまでのところから導けるかどうか怪しいが」と書いていることになり、わざわざ書く価値のない論文を書いたことを書き手本人が認めていることになります。

ここに不平や弁解を書いてはなりません。たとえば「十分書ききれなかったが…」と書くのはだめです。

ボディーまでのところで書いていない考え（新しい素材）を、ここで初めて登場させてはなりません。ここでそれが登場すると、それを支えているものがどこにもないことになるからです。たとえば「子供に対するテレビの害」をボディーで詳しく説明した後、「結論」で突然、「親の指導が必要である」と書くのがそれです。「親の指導が必要である」と書きたいのなら、ボディーまでの文中に「親の指導」を扱っている部分がなければなりません。

・よくある間違い

日本人が論文でよくする間違いの1つは、結論で新しい素材を加えることです。

・構成上のよくある間違い

「Aである。（ゆえに）Bである。（ゆえに）Cである」の形式で芋づる式にいろいろなものをつなげていって、それで終わり――これではだめです。「要するに何を言いたいのか」がなかなかわかりませんし、結論をしっかり支えていないことになるからです（細い円柱を縦に積み上げたような支え方ですから）。

この芋づる式の文章は日本にとても多いので、無意識にこの形式を採用しないように注意が必要です。もっとも、イントロダクションを書かずにいきなり「核とは直接関係のない話」から文章を書き始める人がその形式の文章を書くので、あなたにはその点は問題ありませんね。

第7章
まとめの練習問題

いままで述べてきた注意点を確認しましょう。

【問題1】

「謝罪と『遺憾の意の表明』はアメリカでは別。日本では同じで、どちらの場合も謝罪。などなど」と、アメリカと日本の違いのみを書いた文章の結論で、「トラブルを避けるためには、この違いを知っていなければならない」と書くのは不適切です。「トラブル」が新しい話を持ち出していることになるからです。

では、結論中に「トラブルを避けるためには、この違いを知っていなければならない」を入れたいのなら、どうすればよいでしょう？

【答え】

ボディーまでの部分にトラブルを扱う部分を置けばよいのです。たとえば、「この認識の違いでトラブルがよく発生する」などについての説明があればよいのです。

【問題2】

「あなたの人生観を＊＊＊字以内で論じなさい」という問題があったとします（実際、よくある出題ですね）。

話を先に進める前に、人生観の意味を確認しておきますと、それは「人生はどういうものであるととらえているか、の考え」です。人生をどういうものととらえているかは人によってまったくさまざまなので、この問題は、あなたのオリジナリティーを存分に示せる出題ですね。

さて、これに答えて「私はまだ、人生観と呼べるものを持っていません」とか「人生観と言えるようなものを、これから形成していこうとしているのが現在の私である」のような内容の文章を書くのはよいことでしょうか？


【答え】

よいことではありません。「私はまだ、人生観と呼べるものを持っていません」とか「人生観と言えるようなものを、これから形成していこうとしているのが現在の私である」などのように書くのは「無能であることの告白」だからです。

ちなみに、これに答えるためには、あなたなりの考えを率直にダイレクトに述べればいいのです。そして、そう考えている理由を十分に書き、「こういう理由なら、こういう人生観なのはまったく理解できる」と読み手に思わせることができれば成功です。


【問題３】

日本における個性尊重のあり方について論ずる場合、２１１〜２１２ページで説明した「型」を使ってイントロダクションを書くなら、冒頭の文は、たとえばどのように書けばよいでしょう?

【答えの例】

個性を尊重しようと盛んに言われるようになってから久しいが、日本人は依然として個性を理解していない。

ちなみに、その後は「個性尊重のためには、日本人は〜せねばならない。なぜなら＊＊だからである」などのように続ければ「イントロダクション」が完成します。またボディーでは、日本人が依然として個性を理解していないことを示す事実を挙げた後、「日本人は〜せねばならない」の部分の「せねばならないこと」を具体的に提案し、その理由をていねいに述べればいいのです。

【問題4】

イントロダクションが欠落している次の文章を読んで、この文章の冒頭に置くイントロダクションを書きなさい。

議論をする際に、話がどう行なわれるか(何に対してどんな発言が出るか）が日本とアメリカではまったく違います。私には、日本の仕方・進み方では話がまったく進まないように見えるからじれったい――というよりもお手上げなんですが、日本人にとって見れば、私は「言いたい放題で聞く耳を持っていない」ように見えるんですね（よくそう言われます）。日本人は議論の場では、議論を避け、議論を一言で終わらせようとする目的の発言ばかりします。だから、議論を正面から向き合ってしようとする私の態度は――つまり、議論を避けようとしない私の態度は「言いたい放題」に見えるんですね。

答え方の違いを挙げますと、アメリカ人に「そんなこと言うなんて、あなたは＊＊主義者なの？」などのように聞くと、典型的な答えは「それは違うよ。君は僕のことを思い違いしてるよ」で以下、実際はどうなのかの詳しい説明が続きます。一方、日本人の場合は答えがちょっと異なり、多くの人は感情を述べます。「そんなふうに言われるのは不愉快きわまりない」という具合です。肝心の質問に答えず、自分の気持ちを述べて終わりなんです。

議論に対する意識の違いとしては、日本では、「意見が食い違うと大事件」のようなところがあります。単一民族で、考え方もみなだいたい似かっているからなのでしょう。そのため、反論をあっさり言えない人がけっこういます。私には、そういうタイプの人は「意見の異なる人をなくそう」と思っているように見えますが、実際はおそらくそこまでは考えていないかもしれません（し、そうであることを願っています）。反論をあっさり言える人もいないわけではありませんが、その人たちは、議論にあまり乗り気ではありません。ちょっと反論を言っただけで終わりです。相手が同意してもしなくても、それで終わりです。そのタイプの人には「ムキになって議論する価値はないよ」という基本姿勢があるようです。もしかしたら、「意見の異なる人をなくそう」というタイプの人を嫌っていて、そういうタイプの人の仲間入りをしたくない、という気持ちからそういう態度をとっているのかもしれません。一方、アメリカでは……

（以下略）

【答えの例】

（この文章は、日本とアメリカの違いを述べているので、それがどんな違いなのかを簡単に

紹介し、それらが以下で詳しく述べられることを読み手に伝えればよいのです。したがって）イントロダクションとしては、
「議論の仕方が日本とアメリカでは大違い――話の進み方も、議論に対する意識もずいぶん異なっています。」
などと書けばよいのです。

【問題５】

次の文章には余分なものがいっぱい書かれています。何が余分なのかわかりますか？

よく「プロフェッショナルたれ」と言われるが、一面的すぎはしないか。仕事を進める方法論としては、プロとしての能力を身につけるべきだろう。しかし、その場合でも心のありようとしてはアマチュア精神が必要ではないのか。「甘え」「妥協」といった特色は、マイナス面として拒否すべきだが、固定観念から自由な心の動き、いろいろなことを学びとろうとする素直な心といったものは、アマチュア精神の中にこそある。

【答え】

この文章が言いたいことは、「プロでも、固定観念から自由な心の動きや、いろいろなこ

とを学びとろうとする素直な心が必要だ」（α）で、後の部分はすべて余分です（αを何も支えていませんから）。

なお、この文章について解説を少し加えておきますと、この文章には、説明を加えるべき部分が何も書かれていません。まず、「なぜそれが必要なのか」の部分がありません（「ないから必要」という暗示はありますが、「ないから必要」はリーズニングが変です。それでは、「Aもないから必要、Bもないから必要など（ないものはすべて必要）」ということになってしまいます。また、それ以前の話として、プロはそれらをなくすことを示さなければなりませんが、それも書かれていません。

【問題6】

「あなたは何者」に対するあなたの答えを350字（25字×14行）以内で書きなさい。

指定の文字数が少ない場合、「イントロダクション」「ボディー」「結論」の構成をとることはほとんど不可能ですが、それに似た構成の文章にすることは可能です。その1例を示します。

なお、この解答例には文学色を少し加えてみましょう。文学色を加える際の注意点は、文学的な表現に終始するだけではいけないという点です。

【答えの例】

私には彼女が見える――彼女の名前はエリカ。彼女は優しい目の泉の精。

控えめで謙虚で、いつも静か。自分がしゃべるよりもほかの人の話を聞いているほうが好き。でも独立心が強く、友達にはけっして依存しない。そのためほかの人には、高慢に見えたりナマイキに見えたりすることがある。実際、プライドは高いけれど、それはただ、彼女が自尊心を持っているだけのこと。

彼女はまた、英語の婉曲表現が好きで、英語で雑談をするのが好き。なぜなら、彼女には、英語を使うほうが、自分が何を言いたいのかを、より自分らしく表現できるから。自分らしく――率直に、穏やかに。ほかに理由はなく、ただそれだけのこと。

彼女は優しい目の泉の精。エリカ――それは私。

※この問題のポイントとは何も関係ありませんが、この文章では、書き手がE・A・ポーが大好きであることも示されています。どこの部分で示されているかわかりますか？『大鴉』（ポーの詩の代表作の1つ）を読んだことのある人なら、わかりますね。

【問題7】

課題作文『浮いてる』を書きなさい。

【答えの例】

日本人がよく使う表現の1つに「浮いてる」という表現があり、この語は日本の独特な一面を表わしています。それは、日本が集団主義の国だということです。

この語「浮いてる」はネガティヴな意味で使われます。「きみ、浮いてるよ」と言われたら、「よくないから改善したほうがいい」の意味が入っています。つまり、集団から浮いているのは、日本では悪いことなんです。

なぜなら、日本人は、個人行動が基本ではなく、集団行動が基本だからです。一人ひとりが自分のしたいことをする（これが個人主義）のではなく、ほかの人に行動を合わせなければならないんです――というか、多くの人にとって、他人に行動を合わせることが「自分のしたいこと」なんです。そしてさらに、単に「したいこと」のような嗜好の話ではなくなっています。つまり、集団行動をしたくない人に対して「その人の好みの問題だから、私にはどうでもいいこと」とは思えなくて、その人に集団行動を強要するのです（その人とは、私です）。たぶん自分では意識していないでしょうけど、他人に行動を合わせないことは日本人にとって悪徳なんです。集団行動をすることは、「すべての人が持っているべき主義」なんです。

一人ひとりがどういう主義を持っているかはその人の問題なのですが、日本ではそうではなくて、集団主義を持つか否かはその人個人の問題ではありません。ほとんどの人は「誰もが集団主義を持っているべき」と考えています（意識していないでしょうけど）。これはなぜかと言うと、一人が欠けると全員ではなくなるので、集団主義の人は個人行動を認められないんです。

昔の例で、日本の集団主義をよく示すものもあります。昔は、数人でレストランに入って一人があるものを注文すると、もう一人が

「私も」と言って、さらにほかの人たちも続いて「私も」「私も」と言う――そういう光景が非常によく見られたそうです（ただそれだけじゃなくて、一人だけ別のものを注文したら「ものすごい変わり者」という目で見られたそうです）。これが日本の集団主義です。その光景が異様だと指摘されたことが日本人に知れわたって、その光景そのものはなくなったようですが、その行動の土台となっている考え方はいまでも同じまま残っているのです。

日本は、他人に行動を合わせなければならない集団主義の国です。だから、「浮いて」いてはいけないんです。

小 野 田 博 一 （おのだ　ひろかず）

東京大学医学部保健学科卒業。同大学院博士課程単位取得。大学院のときに2年間、東京栄養食糧専門学校で講師を務める。日本経済新聞社データバンク局に約6年勤務。ICCF（国際通信チェス連盟）インターナショナル・マスター。著書に『論理思考力を鍛える本』『数学＜超絶＞難問』『数学＜超・超絶＞難問』『古典数学の難問101』（以上、日本実業出版社）、『13歳からの論理ノート』『13歳からの勉強ノート』『数学難問BEST100』『13歳からの算数・数学が得意になるコツ』（以上、PHP研究所）、『超絶難問論理パズル』『人工知能はいかにして強くなるのか？』（以上、講談社）などがある。

論理的《ろんりてき》な小論文《しょうろんぶん》を書《か》く方法《ほうほう》

2018年 9月1日　初版発行

著　者　小野田博一 ©H.Onoda 2018

発行者　吉田啓二

発行所　株式会社 日本実業出版社　東京都新宿区市谷本村町3-29 〒162-0845
大阪市北区西天満6－8－1 〒530-0047

編集部 ☎03-3268-5651
営業部 ☎03-3268-5161　振　替　00170-1-25349
https://www.njg.co.jp/

印刷／壮光舎　製本／若林製本

この本の内容についてのお問合せは、書面かFAX（03-3268-0832）にてお願い致します。
落丁・乱丁本は、送料小社負担にて、お取り替え致します。

ISBN 978-4-534-05616-0　Printed in JAPAN